HENRIETTE LÖFFLERS

kleines illustriertes

Praktisches Kochbüchlein

für die

Puppenküche

HENRIETTE LÖFFLERS

kleines illustriertes

Praktisches Kochbüchlein für die Puppenküche

Neu bearbeitet und reich illustriert.

5. Auflage.

Unveränderter Nachdruck der
5. Auflage des J. Ebners Verlag Ulm 1890
durch Bechtermünz Verlag im
Weltbild Verlag GmbH, Augsburg 1997
Gesamtherstellung: Clausen & Bosse, Leck
Printed in Germany
ISBN 3-86047-646-7

An meine kleinen Freundinnen!

Das Christkindlein ist wieder gekommen und hat Euch allerlei Gaben mitgebracht, unter denen Euch die Küche das Liebste ist. Aber was sollen wir damit anfangen? ist eine Frage, die ich gar häufig aufwerfen hörte. Um Eure Verlegenheit zu heben, habe ich mich hingesetzt und ein kleines Kochbüchlein geschrieben, welches Euch in den Stand setzen wird, alle möglichen Speisen und Leckereien zu bereiten.

Ihr könnt Euch dadurch manche vergnügte Stunde, manchen Genuß verschaffen, der Euch noch für das spätere Leben von Nutzen sein wird. Durch zweckmäßige Benützung Eurer kleinen Küche und dieses Kochbüchleins lernt Ihr, wenn Eure Mütter so freundlich sein werden, Euch in schwierigen Fällen mit Rat und That an die Hand zu gehen, spielend die Anfangsgründe des Kochens, und wenn Ihr einmal älter werdet, und in der Küche und Haushaltung mitarbeiten müßt, so wird Euch vieles schon bekannt sein oder doch leicht erscheinen, das Euch ohne diese nützliche Spielerei vielleicht bange machen würde. Auf das Meiste im Leben wird man spielend vorbereitet, warum also das Mädchen nicht auch auf das Kochen?

Wie stolz wird es Euch machen, meine kleinen Freundinnen, wenn Ihr ein Süppchen, ein Backwerk oder sonst etwas bereitet habt, das so recht gelungen ist, daß ihr ein Lob von der guten Mutter erhaltet. Wie vergnügt werdet Ihr während des Kochens, wie noch viel vergnügter bei dem Genuß sein. Den Höhepunkt Eurer Freude werdet Ihr erreichen, wenn Ihr kleine Gastereien anstellt und Eure Kochkunst leuchten lassen könnt in weitern Kreisen.

Um Euch zur Ausübung der Kochkunst in Eurer kleinen Küche behilflich zu sein, um Euch alle die angedeuteten Genüsse zu verschaffen, habe ich nur solche Rezepte ausgewählt, die sich leicht ausführen lassen und doch gute Resultate geben. Ich bin im Voraus überzeugt, daß es Euch Freude macht, und wünsche nur, daß es Euch auch nützlich sein möge.

Die Herausgeberin.

Vorwort zur fünften Auflage.

Was schon im ersten Vorwort gesagt ist, werdet Ihr, meine lieben jungen Freundinnen, gewiß recht und gut finden, trotzdem habe ich einiges zu ergänzen.

Wie überhaupt alles im Fortschritt begriffen ist, es immer Neuerungen und Verbesserungen giebt, so auch bei der Kochkunst. Ich sage Kochkunst, denn malen, musizieren, dichten 2c. ist nicht nur eine Kunst, füglich dürfen wir diesen auch die Kochkunst anreihen.

Sie erfordert Ordnungssinn, feinen Geschmack, Pünktlichkeit im Bereiten und Anrichten der Speisen und endlich auch eine sorgsame Sparsamkeit. Nicht zu wenig, nicht zu viel, nicht zu salzig, nicht zu süß. All diese Vorsicht stempelt die Köchin zu einer kleinen Künstlerin.

Was die Neuerungen und Verbesserungen betrifft, so ist das nicht allein bei den Küchengeräten, es ist auch teilweise bei den Nahrungsmitteln zu finden.

Für Ersteres sorgen wohl Eure Mütterchen, gewiß werdet Ihr zu jedem Weihnachten einen neuen Gegenstand in der kleinen Küche vorfinden, womit Euch die Gute überrascht und den sie Euch zu nützlicher Verwendung erklärt. Es wäre unbescheiden zu fordern. Mütterchen wird es bestimmen nach ihrem Ermessen und Gutachten.

Schöne Stunden werdet Ihr in den Weihnachtstagen an der kleinen Küche verbringen, ist es doch eine Vorbereitung zu späterem nützlichen Schalten und Walten.

Was die Neuerungen in Betreff der Nahrungsmittel sind, so konnte davon in den früheren Auflagen dieses kleinen, nützlichen Büchleins keine Anweisung gegeben werden. Maggis Suppen- und Speisen-Würze oder Liebigs Fleischextrakt waren zu jener Zeit nicht allgemein bekannt. In der Küche auf dem zierlichen Heerde ist nicht gut Fleisch sieden. Ersatz dafür sind die genannten Extrakte. Zur Fertigstellung der Suppen habt Ihr dann Knorr's Suppenmehl jeder Art, das zu bereiten erfordert wenig Mühe und wenig Zeit. Auch die getrockneten Früchte, die jetzt der Welthandel zu uns bringt, sind wesentliche Vorteile für die kleine Küche.

Doch eines noch möchte ich Euch meine lieben, kleinen Freundinnen dringend ermahnen, da ich wohl annehmen kann, daß in Euren Küchen ein größerer oder kleinerer Heerd steht, der mit Spiritus geheizt wird. Traget Sorge, daß Ihr daran Euch keinen Schaden zufügt. — Nie — nie darf Spiritus aufgegossen werden, wenn noch ein Fünkchen in dem kleinen Behälter brennt. Uebergießt es auch nicht, schon der Sparsamkeit wegen, denn auch sie gehört zu der Kunst, die Ihr üben wollt, gleich wie die Ordnungsliebe und Pünktlichkeit.

Wie häßlich sieht es schon in der großen Küche aus, wenn Gemüsereste oder Schalen irgend einer Art, auf Tisch oder Boden bleiben. Seht, das sollt Ihr auch in Euren kleinen Küchen verhüten. Wenn Eure großen oder kleinen Gäste in Euer Reich hinein schauen, o dann schmecken ihnen die Speisen gewiß noch so gut, wenn nichts unordentlich umherliegt.

Schafft also alles Unnütze gleich bei Seite, haltet die Geräte rein und beim Anrichten der Speisen sei alles zierlich und wohl geordnet.

Das ist die Poesie der Küche! Und wenn Ihr kleinen, fleißigen Köchinnen einst zu klugen Jungfrauen herangewachsen seid. werdet Ihr Euch freuen, frühe schon die Kunst geübt zu haben, sie wird Euch nie schwer, sondern aufrichtig lieb geworden sein; sagt doch das Sprichwort: Lust und Lieb zu einem Ding macht alle Müh' und Arbeit ring.

H. Sch.—L.

Inhalts-Uebersicht.

Einleitung.

Was ein **Deziliter** ist, werdet Ihr aus der Schule wissen, solltet Ihr aber nicht im Besitz eines solch kleinen Maßes sein, so sind 100 Gramm oder 10 Eßlöffel Flüssigkeit gleich einem Deziliter.

Wenn Du **Ei** zum Anrichten von Suppen oder Gemüse nimmst, zerkleppere es immer mit etwas kalt Wasser, daß es nicht gerinnt.

Jede **Suppe** mit wenig Ausnahme schmeckt besser, wenn Du zuletzt etwas Ei dazu nimmst, wenn nicht solches schon zur Masse angegeben ist.

Schnee aus Eiweiß. Etwas Eiweiß nimm auf einen Teller, doch noch besser in einen kleinen Topf und schlage es mit einem kleinen Schlagbesen oder Gabel, was Du in Deiner Küche gewiß vorfinden wirst.

Nudelteig, für den Du verschiedene Verwendung hast: Nimm ein Ei, knete so viel Mehl darein, daß Du einen festen, trockenen Teig erhältst, arbeite ihn so lange auf dem Brette, bis er kleine Löcher bekommt. Nun wird er in kleine Stückchen geschnitten und unter einen Teller die weiteren gelegt, bis der Eine nach dem Andern fein ausgerollt ist. Nimm ein gedrucktes Blatt zur Hand, wenn Du durch den Kuchen lesen kannst, ist er fein genug. Zu Suppen winde den Kuchen, wenn er etwas abgetrocknet ist, sorgfältig zusammen und schneide ihn in möglichst feine Nudeln; vom übrigen wird der Kuchen in breitere Streifen geschnitten. Wenn Du das Geschnittene trocknen lässest, kannst Du es lange aufbewahren.

I.

Suppen.

Meine kleinen Leckermäulchen bereiten und essen am liebsten Süßigkeiten und Backwerk; gleichwohl mache ich den Anfang mit den Suppen, teils um ihren Magen gesund zu erhalten, teils weil sie jeder ordentlichen Mahlzeit vorangehen. Ueberdies halten die meisten Erwachsenen viel auf eine gute Suppe, daher müßt ihr Euch bemühen, eine solche kochen zu lernen.

Fleischsuppen oder Wassersuppen, zu ersterer bedarf es der Fleischbrühe; wenn Du solche nicht aus der großen Küche bekommen kannst, wird sie reichlich ersetzt, wenn Du in beliebigen Topf heißes Wasser nimmst und je nach Bedarf an Suppe einen kleineren oder größeren Theelöffel Maggi oder eine schwache Messerspitze von Liebigs Fleischextrakt dazu nimmst.

Fleischsuppen.

1. Nudelsuppe.

Die vorn angegebenen, fein geschnittenen Nudeln, wenn sie aufgeschüttelt sind, streue locker in heiße

Fleischbrühe; sie dürfen nur etwa 5 Minuten sieden.

2. Baumwollensuppe.

Rühre 30 Gramm Butter leicht, schlage ein Ei hinein, und wenn dieses gut gerührt ist, so füge 1 Kochlöffel Mehl, etwas Salz, Muskatnuß und süßen Rahm bei und zettle diesen Teig in siedende Fleischbrühe; hat es ein wenig gekocht, dann ist die Suppe fertig.

3. Blättchensuppe.

Aus Nudelkuchen werden fingerbreite, länglich-viereckige Stückchen geschnitten und diese wie Nudeln gekocht.

4. Braune Blättchensuppe.

Die Blättchen aus Nudelkuchen werden in Schmalz gelb gebacken, in Fleischbrühe nur wenig gekocht, etwas Ei an die Brühe gerührt, mit Schnittlauch gewürzt und angerichtet.

5. Brotsuppe in Fleischbrühe.

Ueber feine, womöglich etwas geröstete Brotschnitten wird siedende Fleischbrühe gegossen und dann in der Schüssel etwas aufgekocht, bis die Schnittchen weich sind. Obenauf wird etwas Schnittlauch gestreut.

6. Reissuppe.

Koche 4 Loth fein gelesenen Reis mit 2 Loth Butter und etwas Salz zu einem dicken Brei, wenn er weich gekocht ist, lege in eine mit kaltem Wasser geschwenkte Schale kleine Petersilienblättchen und kleine zarte Stückchen einer weich gekochten Gelbrübe auf den Boden derselben, lege den Reis darauf, lasse ihn erkalten, stürze hernach ihn auf einen Teller und gieb heiße Fleischbrühe in der Suppenschüssel auf den Tisch. Jeder Gast nimmt sich von dem kalten Reis selbst seinen Teil.

7. Suppe von Knorrs Suppenmehl.

Rühre einen kleinen Kaffeelöffel von dem Mehl, sei es nun Reis, Grünkernen, Gerste, Erbsen 2c. mit etwas Wasser an. Du kannst zum Knorr'schen Mehl 1/2 Kaffeelöffel gewöhnliches Mehl beisetzen, und gieße es als dünnen Brei in die Fleischbrühe. Ist in 10 Minuten fertig. Beim Anrichten nimm etwas Eigelb dazu.

8. Eiersuppe.

Nimm 1 Ei, ein klein wenig süßen Rahm und rühre dies an ein kleines Kaffeelöffelchen voll geriebene Wecken nebst etwas Muskatnuß und fein geschnittener Petersilie; gieße dies, ohne darin zu rühren, in siedende Fleischbrühe und laß es ein oder zwei Mal überkochen. Beim Anrichten soll das Ei in möglichst großen Stückchen bleiben.

9. Fastensuppe.

Ein Stück altgebackenes Brot wird gerieben, in Butter schön gelb geröstet, dann mit klein gehackter Petersilie und Zwiebeln gedämpft, mit Wasser abgelöscht, mit Salz gewürzt, alles zusammen gekocht und vor dem Auftragen etwas Eigelb dazu genommen.

10. Flädlein- oder Omelettensuppe.

1 Ei, 1 Rührlöffel voll Mehl, Salz, etwas Petersilie und süße Milch werden zu einem ganz dünnen, glatten Teige angerührt, dann wird die Flädleinspfanne jedesmal mit einer Speckschwarte überstrichen oder Schmalz darin heiß gemacht, und das Flädlein so dünn als möglich darin gebacken. Nach dem Erkalten rolle die Flädlein auf, schneide breite Nudeln daraus, gieße siedende Fleischbrühe darüber und reibe Muskatnuß darauf.

11. Geriebene Suppe.

Mache einen Teig, wie zu Nudeln, statt ihn auszuwellen, reibe ihn auf dem Reibeisen und hacke ihn ganz fein mit dem Hackmesser, lasse das Gehackte in siedende Fleischbrühe einlaufen und koche es eine Minute.

12. Griessuppe.

Die Bereitung der Griessuppe ist äußerst einfach. Wenn die Fleischbrühe siedet, so säe das erforderliche

Gries langsam unter beständigem Umrühren in dieselbe, und lasse es so lange sieden, bis es weich ist, was in 5—8 Minuten der Fall sein wird. Nun wird die Suppe angerichtet, und wenn man sie recht gut haben will, so rührt man noch etwas Eigelb daran, streut Schnittlauch oder Muskatnuß darauf und giebt sie zu Tisch.

13. Kartoffelsuppe.

Eine mittelgroße, gesottene Kartoffel wird gerieben, mit einer Messerspitze voll Mehl in etwas Butter kurze Zeit gedämpft, mit Fleischbrühe glatt gerührt, gesalzen und ein wenig aufgekocht. Du kannst kleine Würfelchen weiß Brot in Schmalz rösten oder kleinen gebrühten Teig, das ist, etwas Mehl mit heißer Milch, ein kleiner Kaffeelöffel Ei angerührt, durch einen Trichter tropfenweise in heiß Schmalz gelaufen zu Kügelchen gebacken, zum Anrichten der Suppe nehmen.

14. Sagosuppe in Fleischbrühe.

Streue in kochende Fleischbrühe einen kleinen Kaffeelöffel Sago; ist er gut aufgequollen, ist er fertig. Zerschlage in der Suppenschüssel ein Kaffeelöffelchen Ei und gieße die Suppe unter leichtem Rühren daran.

15. Chocoladesuppe.

Nimm 1/8 Liter Milch, wenn sie siedet, so rühre 10 Gramm feingeriebene Chocolade hinein, füge beliebig Zucker und etwas Eigelb bei und richte dies über gebähte Weckenschnitten an.

16. Kirschensuppe.

Eine Messerspitze voll Mehl wird mit einem haselnußgroßen Stückchen Butter gelb gebrannt und darin ein Händchen voll entsteinte Kirschen gedämpft; nun gießt man ein kleines Gläschen voll Wasser und eben so viel Wein, nebst etwas Zimmt, kleingewiegter Zitronenschale und einem Eßlöffel voll gestoßenem Zucker daran, läßt alles zusammen aufwallen und gießt es über gebähte Weckenschnitten an.

17. Weinsuppe.

Nehme 1 Deziliter Wein (auch Apfelwein), das doppelte Wasser, 1 Eßlöffel Zucker, 1 Theelöffel Kartoffelmehl und ein Stückchen Zimmt Das Wasser wird mit Zimmt und Zucker aufgekocht, rühre das Kartoffelmehl mit einem Löffel kalt Wasser an, koche es auf, gieße dann den Wein dazu, der aber nicht zu kochen braucht.

18. Biersuppe.

Nimm eine Messerspitze Mehl und rühre es mit 5 Eßlöffel Milch in der Pfanne glatt, dann 4 Theelöffel Eigelb, etwas ganzen Zimmt, 1 Deziliter Bier (womöglich Weißbier) und so viel Zucker, bis die Suppe süß schmeckt. Unter beständigem Rühren laß sie zum Sieden kommen.

19. Mandelsuppe.

Schäle und zerstoße 15 Gramm Mandeln, koche sie dann in 1 Deziliter Milch, reibe den achten Teil einer Zitrone an Zucker ab und koche dies mit der Milch auf; nun kommt ein verrührtes Eigelb daran und richtet dies über gebähte Weckenschnitten an.

20. Einfache Milchsuppe.

Ein kleines Kaffeelöffelchen voll Mehl wird mit einem halben Eigelb angerührt, 1/8 Liter Milch, Zucker und etwas Zimmt beigefügt, dies unter beständigem Umrühren aufgekocht und über kleingeschnittenes Milchbrot angerichtet.

21. Sagosuppe mit Milch.

Schütte 1/8 Liter Milch an einen Kaffeelöffel voll reingewaschenen Sago, füge etwas an einer Zitrone abgeriebenen Zucker bei, und lasse dies so lange kochen, bis 1/3 der Milch eingekocht ist. Sollte die Suppe zu dick sein, so verdünne sie mit Milch und streue nach dem Anrichten Zucker und Zimmt darauf.

22. Wecksuppe.

Röste ein Händchen voll geriebene Wecken mit etwas gewiegter Petersilie in einem Stückchen Butter gelb, koche dies mit einigen kleingewiegten süßen Mandeln und einem Stückchen Zitronenschale ein wenig in Fleischbrühe auf, und reibe auf die angerichtete Suppe etwas Muskatnuß.

Wassersuppen.

Eine kluge Köchin muß auch kräftige Suppen ohne Fleischbrühe zu bereiten verstehen, es ist gut, wenn Du auch solche kennen lernst:

23. Gebrannte Mehlsuppe.

Nimm eine Haselnuß groß Butter oder Rindschmalz in die eiserne Pfanne (ein anderer Tigel leidet gar leicht Schaden), lege unter raschem Rühren soviel Mehl darein, daß es trocken ausschaut, dann laß es hellbraun rösten, wende es aber immer zu um, sonst brennt es leicht an. Dann lösche es mit warm Wasser ab. Streue etwas Salz darein, lasse es 10 Minuten kochen. Du kannst dann zum Anrichten einen Eßlöffel Ei nehmen, oder schneidest von Weißbrot kleine Würfelchen, die kochend angegossen werden.

24. Gebrannte Griessuppe.

Nimm 5 Gramm Butter, streue, wenn das Fett erst gut hellgelb ist, einen Eßlöffel Gries darein. Schön hellbraun muß der Gries werden, denn Du mußt es immer rühren, dann lösche es mit warm Wasser ab und nimm etwas Salz dazu. Muß 1/4 Stunde kochen, damit der Gries schön weich wird.

25. Noch eine Eiersuppe.

Röste in 5 Gramm Butter einen Löffel Mehl hellgelb, nachdem Du zuvor 2 Löffel zerschlagenes

Ei, in der kleinen Schüssel (darin Du die Suppe anrichten willst) mit Wasser bis zum Rande gefüllt hast und gieße dies dann unter beständigem Rühren an das geröstete Mehl. Es schmeckt sehr gut, sobald es kocht, ist die Suppe fertig.

26. Schwarzbrotsuppe.

Schneide so fein, daß man durch die Schnittchen lesen kann, vom schwarzen Brot in die Suppenschüssel, gieße heiß Wasser darauf und streue Salz dazu, decke die Suppe rasch zu, daß sie aufdämpfen kann. Dann röste feingeschnittene Zwiebeln in Rindschmalz schön gelb, übergieße die Schnitten damit. Du kannst zuletzt auch ein halb Ei noch nehmen.

27. Gute Wassersuppe.

Röste klein gewürfeltes Weißbrot schön gelb in Butter. Nimm dazu 1/4 Brot und 10 Gr. Butter. Beim Anrichten gieße kochend Wasser mit etwas Salz, dann einen Kaffeelöffel Ei daran. Es schmeckt sehr gut.

28. Weiß-Brot-Suppe.

Schneide 1/2 Weißbrot in feine Schnitten, nimm etwa den vierten Teil davon und röste dies in heißem Schmalz schön gelb. Uebergieße das andere mit kochendem Wasser, decke es gut zu und vergiß nicht etwas Salz. Dann zerschlage mit kalt Wasser zwei Theelöffel voll Ei in der Suppenschüssel, richte die Suppe darin an und lege die gerösteten Schnitten darauf.

29. Griessuppe.

Streue in 1/8 Liter kochendes Wasser einen Eßlöffel voll Gries, etwas Salz, 5 Gramm Butter und lasse es gut kochen. Klein gewürfeltes, in Schmalz geröstetes Weißbrot nimm kurz vor dem Anrichten auf die Suppe.

30. Geriebene Gerste.

Mache von einem Eßlöffel zerschlagenem Ei mit Mehl und etwas Salz einen festen Teig. Reibe ihn auf dem Reibeisen zu feinen Krummen. Sollten sie noch zu grob sein, zerreibe sie noch mit rein gewaschener Hand gegen einander. Ist alles fein, dann streue die Masse in gesalzenes kochendes Wasser und gieße beim Anrichten 5 Gramm heiße Butter darüber.

2.

Klösse und Suppenknöpfchen.

Bei den meisten Knöpfchen ist es gut, ein wenig kleingehackte Küchenkräuter dazu zu nehmen; auch muß stets etwas Salz in den Teig. Wenn man ein Knöpfchen aus der Brühe nimmt und zerschneidet, und es klebt in der Mitte nicht mehr am Messer oder Löffel oder ist in der Mitte nicht mehr rot, so ist es fertig. Die Brühe, in welche Knöpfchen zum Kochen gelegt werden, muß vom Anfang bis zu Ende sieden, sonst werden sie nicht gut. — Gebackene Knöpfchen erhält man dadurch, daß man sie statt in Wasser in heißes Schmalz legt und darin gelb backt.

Gesalzene Klößchen.

31. Brätklößchen.

50 Gramm Bratwurstbrät werden mit 15 Gramm heißem Fett verrührt, mit etwas Milch abgelöscht, 1 Eßlöffel voll Semmelbrösel eingestreut und mit wenig Salz und Muskatnuß gewürzt. Wenn die Masse erkaltet ist, werden kleine runde Klößchen

daraus gemacht, diese in kochende Fleischbrühe eingelegt, zugedeckt und nach 1/4 Stunde angerichtet.

32. Butterklößchen.

Rühre 15 Gramm Butter schaumleicht, füge allmählich einen Kaffeelöffel voll Weißmehl, 1/2 Ei, Salz und etwas Gewürz bei, und lege von dem erhaltenen Teig Klößchen in siedende Fleischbrühe; wenn sie schaumig oben auf schwimmen, richtet man rasch an und giebt sie ohne Verzug zu Tisch.

33. Fleischknöpfchen.

4 Loth Kalbfleisch werden mit etwas Zwiebel und Petersilie fein gehackt, der vierte Teil eines eingeweichten Wecken, Salz und etwas Gewürz mit 1/2 Ei daran gerührt; ist der Teig gut durchgerührt, so legt man Knöpfchen davon in siedende Fleischbrühe und läßt sie darin sieden. Sie können in jeder Suppe oder für sich gegeben werden.

34. Geigenklößchen.

50 Gramm Geigen- oder Mutschelmehl werden mit einem Ei und mit 15 Gramm zerlassener Butter verrührt und mit Salz und Muskatnuß gewürzt. Nach einer halben Stunde wird die Masse schaumig gerührt, mit einem Löffelchen Klößchen herausgestochen, in heiße Fleischbrühe eingelegt und 10 Minuten darin gekocht.

35. Geigenklößchen, gebacken.

Die nach obiger Vorschrift zubereiteten Klößchen werden, wenn sie abgetropft und erkaltet sind, in heißem Butter braun gebacken und mit heißer Fleischbrühe angegossen.

36. Kartoffelknöpfchen.

Reibe eine große, gekochte Kartoffel, nimm einen halben Kaffeelöffel Griesmehl, ebenso gewöhnlich Mehl und 1 Ei dazu, auch etwas Salz, röste in Rindschmalz kleine Würfel Weißbrot schön gelb und nimm es in obige Masse. Befeuchte Deine reine Hand mit kalt Wasser und drehe runde nußgroße Knöpfchen daraus. Siede sie in strudelndem Salzwasser, in 5 Minuten können sie fertig sein. Mache aber zuerst mit einem Probe; wenn es noch teigig aussieht, muß es noch etwas länger sieden.

37. Knöpfchen, gebacken.

Weiche 1/2 Wecken in Wasser ein, drücke ihn gut aus, dämpfe ihn in Butter, rühre ihn mit etwas Salz und 1 Ei zu einem Teig, welcher löffelweise in heißes Schmalz gelegt und schön gelb gebacken wird. Man kann sie auf allen Suppen oder mit einer beliebigen Sauce als Zuspeise geben.

38. Leberknöpfchen.

Laß ein Stückchen Kalbsleber einige Wälle in siedendem Wasser thun, dann reinige und häute sie gut ab, zerschneide sie in kleine Stückchen und rühre sie mit etwas Ei, eingeweichtem Weck, Salz und Gewürz zu einem ganz steifen Teig, mache Knöpfchen daraus, lege sie in siedende Fleischbrühe und richte sie mit derselben an.

39. Weckenknöpfchen.

Weiche 1/2 altbackene Semmel in Wasser ein, drücke sie wieder aus, dämpfe sie mit 30 Gramm Butter, rühre dann ein Ei, Salz und Schnittlauch daran, stich Knöpfchen aus diesem Teig und backe sie in Schmalz oder siede sie in Fleischbrühe.

Süße Klöße.

Die gesalzenen Klößchen sind zu Suppen oder zur Beilage von Gemüse oder Fleisch, die süßen aber können zu Compot oder zu süßen Saucen gegeben werden.

40. Kirschenknöpfchen.

sind sehr gut, daher empfehle ich sie meinen jungen Freundinnen ganz besonders. Koche 250 Gramm ausgesteinte, schwarze Kirschen 1/2 Stunde mit Zucker, Zimmt und Nelken in 2 Deziliter Wein und 3 Deziliter Wasser, dann treibe sie durch ein feines Sieb, rühre das Weiche von einem Wecken und 1 Eigelb hinein, stich kleine Knöpfchen daraus und backe sie in Schmalz schön braun.

41. Mandelklöße.

30 Gramm geschälte Mandeln werden mit etwas Wasser fein gestoßen, dann weicht man den vierten Teil eines Wecken in Milch ein, drückt ihn aus und rührt ihn mit den Mandeln, etwas Zucker, Zimmt, $^1/_2$ Ei zu einem starken Teig, formt Klöße daraus und backt sie in heißem Schmalz. Sie sind sehr gut; will man sie aber auf Fleischsuppe geben, so muß man statt des Zuckers — Salz nehmen.

42. Milchbrotknöpfchen.

Reibe ein halbes altgebackenes Milchbrot auf dem Reibeisen, schneide ein wenig Butter dazu und brühe dies mit einer halben Tasse siedendem Rahm an; füge 1 Ei und Salz bei, und backe kleine Knöpfchen in Schmalz daraus.

43. Klöße von Milchbrot.

Rühre 8 Gramm Butter schaumig, hernach ein Ei darein, auch etwas Salz und nach und nach 1 Kaffeelöffelchen voll von einem geriebenen Milchbrot dazu. Mache kleine Kügelchen davon und siede sie etwa 5 Minuten in Salzwasser oder Fleischbrühe.

44. Reisklöße.

Setze 50 Gramm sorgsam verlesenen und gewaschenen Reis mit $^1/_4$ Liter kaltem Wasser zum Feuer. So er eine Viertelstunde gekocht hat, lege ihn in ein Haarsieb, damit er abläuft. Dann nimm ¹/₄ Liter siedende Milch und laß darin den Reis langsam kochen, bis er dick geworden ist. Rühre ¹/₂ Ei, etwas an Zucker abgeriebene Zitrone, feinen Zucker daran und lege mit dem Kaffeelöffel kleine Klöße in heißes Schmalz und gieb eine süße Sauce dazu.

45. Butterklöße.

Rühre 5 Gramm Butter leicht und schaumig, nimm 2 Eßlöffel voll Ei, 5 Gramm Zucker, und den vierten Teil eines fein geriebenen Milchbrotes, etwas Salz. Lege davon schöne runde Klöße in kochendes Wasser, lasse sie wie harte Eier sieden, nimm sie mit dem Schaumlöffel auf eine Platte, und gieße Frucht- oder Milchsauce darüber.

Anmerkung: Es ist zu empfehlen, daß bei Klößen, die in Wasser oder Schmalz gelegt werden, zuerst nur eines zur Probe genommen wird. Zerfällt es, nehme man noch etwas Brot oder Mehl je nach Angabe des Rezeptes dazu.

3.

Saucen (Soosen) oder Brühen

zu Mehl- und Fleischspeisen.

46. Zwiebelsauce.

Wenn Du gesottenes Fleisch giebst, so ist dies vorzüglich. Dämpfe 2 feingeschnittene kleine Zwiebeln in 30 Gramm Butter, so daß sie eine gelbe Farbe bekommen. Nimm Salz und einen Kaffeelöffel Mehl dazu, dämpfe dies noch ein wenig und lösche es dann mit etwas Essig und Wasser ab. Dann lasse es noch ein wenig kochen.

47. Buttersauce.

Nimm 30 Gramm Butter, laß ihn zergehen, aber nicht gelb werden, gieb einen Löffel Mehl dazu und verdünne es mit Fleischbrühe. Wird zu Gemüsen und zu gesalzenen Puddings 2c. gegeben.

48. Früchtensauce.

Diese Sauce ist zu Backwerk aller Art gut, kann aber auch zu Ochsenfleisch gegeben werden und wird auf folgende Art bereitet: Drücke 50 Gramm Erdbeer, Himbeer oder Johannisbeer durch ein Tuch, koche den Saft mit rotem Wein, Zucker und Zimmt ab und verdicke die Sauce mit Stärkemehl, das zuvor mit kaltem Wasser angerührt wurde.

49. Kirschensauce.

Nimm 100 Gramm Kirschen, die eine Hälfte süße, die andere saure, steine sie aus und zerstoße die Kerne fein in einem Mörser. Nun röste eine Messerspitze voll Mehl in ein klein wenig Butter schön gelb, thue die ausgesteinten Kirschen, die gestoßenen Kerne, 1/2 Liter Wasser und Wein daran und koche dies recht gut durcheinander. Zuletzt wird die Sauce mit Zucker, Zitronensaft und einer gestoßenen Nelke gewürzt und noch einmal aufgekocht.

50. Mandelsauce.

10 Gramm geschälte und feingestoßene Mandeln werden mit einer Messerspitze voll Mehl, einem Kaffeelöffel voll süßer Milch und einem kleinen Eigelb recht glatt gerührt, dann gieße 1/2 Liter süße Milch und ein Stückchen Zucker daran und lasse es unter beständigem Umrühren aufkochen. Paßt zu allen Mehl- und süßen Speisen, sowie zu Schmalzgebackenem. Gut ist es, eine bittere Mandel beizufügen.

51. Milchsauce.

Verkleppre 1 Ei mit ein klein wenig süßer Milch, rühre 1 Kaffeelöffel voll gestoßenen Zucker daran, dann mache ½ Liter süße Milch mit etwas Zimmt siedend, nimm den Zimmt wieder heraus und gieße die siedende Milch unter beständigem Umrühren an das Ei.

52. Pflaumen- oder Zwetschgensauce.

Uebergieße recht reife Pflaumen oder Zwetschgen mit heißem Wasser, schäle und entsteine sie, koche sie darauf recht weich, verrühre sie ganz, rühre Zucker, ein wenig gestoßenen Zimmt, Nelken und Wein daran, laß alles zusammen noch ein Mal aufkochen, und Du hast eine sehr gute, zu allen Mehlspeisen passende Sauce.

53. Chaudeausauce.

⅛ Liter weiß Wein, 50 Gramm Zucker, 1 Eigelb und 1 Theelöffel Eiweiß, ein wenig Zitronenschale, alles tüchtig vermengt in die Pfanne genommen und geschlagen, bis es einmal aufkocht, dann zu Puddings warm gegeben.

54. Vanillesauce.

⅛ Liter Milch, 1 Eßlöffel Zucker, 1 Eigelb, 1 Messerspitze Stärkemehl, 1 klein Stückchen Vanille. Alles kalt vermengt und unter beständigem Rühren bis zum Kochen gebracht. An Stelle der Vanille kannst Du auch Zimmt nehmen.

55. Sagosauce.

Setze gereinigten Sago mit einem Stückchen Zitronenschale und rotem Wein ans Feuer, koche dies langsam und füge dann Zucker und etwas Zimmt bei. Ist zu Puddings und dergleichen ausgezeichnet gut.

56. Weinsauce mit Zibeben und Rosinen.

30 Gramm Zibeben und Rosinen werden in warmem Wasser sauber gewaschen, mit 2 Deziliter Wein und 1 Deziliter Wasser, etwas Zucker, kleingeschnittener Zitronenschale weich gekocht; nun röste 1 Messerspitze voll Mehl in Butter gelb, koche dies noch ein wenig mit und füge vor dem Anrichten einige kleingeschnittene Mandeln und Zimmt bei.

57. Zitronensauce zu Törtchen.

Röste 1 Messerspitze voll Mehl lichtgelb in etwas Butter, lösche es mit 2 Deziliter Wein und 1 Deziliter Wasser ab, reibe den achten Teil einer Zitrone an Zucker ab, füge dies nebst 1 Stückchen Butter bei und laß alles mit einander kochen. Nun wird ein starkes halbes Eigelb daran gerührt und noch etwas am Feuer gelassen.

4.

Gemüse und Salate.

58. Blumenkohl (Carviol) mit Milch.

Gehörig gereinigter Carviol wird mit Salzwasser weich gekocht, während Du ein Löffelchen voll geriebene Wecken in Butter gelb röstest, dies mit Milch ablöschst, Salz und Muskatnuß beigiebst, und wenn dies mit einander kocht, den weichen Blumenkohl da-

rein legst. Hat er ein wenig aufgekocht, so wird er zu Tisch gegeben. Es kann an Stelle des geriebenen Brotes nur Mehl und an Stelle der Milch nur Fleischbrühe genommen werden.

59. Kartoffelgemüse.

Koche geschälte rohe Kartoffeln in Fleischbrühe so weich, daß du sie mit dem Löffel zu einem Brei verrühren kannst, dann streue Schnittlauch darauf und trage sie auf.

60. Kartoffeln, geröstet.

Kleine, in Salzwasser gesottene Kartoffeln werden geschält, ganz in Butter und etwas Gewürz schön gelb geröstet und dann zu Tisch gegeben. Größere Kartoffeln schneidet man in Rädchen, röstet sie in gleicher Weise, gießt verkleppertes Ei daran und richtet rasch an.

61. Kartoffeln in Milch.

Schneide geschälte rohe Kartoffeln in Rädchen, koche sie in Milch ganz weich und schmelze sie während des Anrichtens ein wenig mit Butter.

62. Kartoffeln in Rahmsauce.

Gesottene Kartoffelscheiben werden in einer Buttersauce aufgekocht, mit Salz und Muskatnuß gewürzt und vor dem Anrichten saurer Rahm und etwas Ei darangerührt.

63. Kartoffeln, sauer.

Röste eine Messerspitze voll Mehl in einem Stückchen Butter braun, lösche es mit Fleischbrühe und Essig ab und koche gesottene und in Rädchen geschnittene Kartoffeln darin auf. Wenn man ein Lorbeerblatt und etwas Zitronenschale beifügt, so wird die Brühe besser.

64. Kartoffelbrei.

Ein paar rohe Kartoffeln schäle, schneide in Schnitze und koche in Salzwasser weich, gieße das

Wasser ab und zerdrücke sie fein mit Milch durch einen Seiher, gieb noch so viel Milch dazu, daß es ein dicker Brei ist. Ist er angerichtet, übergieße ihn mit in Schmalz gelb gerösteten Brotkrummen.

65. Rosenkohl.

Kleine Röschen in Salzwasser gesotten und in einer Buttersauce aufgekocht; wie Buttersauce sein soll, ist vorn angegeben.

66. Reis als Gemüse.

Nimm 60 Gramm Reis, koche ihn mit Salz und 15 Gr. Butter, etwas ganzen Zimmt recht weich. Du kannst etwas Weinbeeren oder 2 Apfelschnitze geschält darin kochen. Schmeckt als Beigabe zu Braten sehr gut.

67. Laubfrösche.

Vielleicht macht es Dir Spaß, solche zu bereiten, wenn Du die Mühe nicht scheuest. Wähle die größeren Blättchen des Spinates aus, übergieße sie mit heiß Wasser. Dann nimm feingewiegten Spinat, gewiegtes Kalbfleisch und ein in Wasser geweichtes, abgeschältes halbes Weißbrötchen, Salz, ½ Ei, rühre es zusammen und wickle einen Theelöffel von der Masse in eines der geweichten Blätter. Binde es mit Faden zu, lege sie dicht an einander in eine Pfanne mit einem guten Stückchen Butter und backe es hellgelb. Dann übergieße es beim Anrichten mit der Buttersauce, die aber nicht zu dünn sein soll.

68. Spinat.

Reingewaschener Spinat wird gebrüht, in kaltes Wasser gelegt, gut ausgedrückt und fein gewiegt. Nun läßt man ein wenig Butter zergehen, röstet eine Messerspitze voll Mehl gelb darin, thut den Spinat nebst etwas Zwiebeln und Muskatnuß dazu und läßt ihn gut dämpfen; nun gießt man Fleischbrühe oder süßen Rahm daran, aber nicht zu viel, daß der Spinat nicht wässerig wird, und gibt ihn zu gebackenen Eiern, Bratwürsten oder Pfannkuchen.

69. Grüne Salate.

Alle grünen Salate müssen sorgfältig gelesen und gewaschen werden; nach dem Ablaufen des Wassers würzt man sie mit Salz und gröblichem Pfeffer, dann wird das Oel darauf gegossen, der Salat gut gemischt; zuletzt giebt man den Essig und mischt ihn noch einmal. Auf drei Teile Oel soll man zwei Teile recht guten Essig nehmen. Gut ist es, wenn man noch Zwiebeln oder Schnittlauch beigiebt. Alle grünen Salate werden so behandelt, mit Ausnahme des Endiviensalats, welcher nudelartig und fein geschnitten, dann eine Stunde in laues Wasser gelegt, gut ausgerungen und jetzt erst auf gewöhnliche Art angemacht wird.

70. Gurkensalat.

Die geschälten Gurken werden zu dünnen Scheiben geschnitten, mit Salz bestreut und 1 Stunde zugedeckt stehen gelassen. Nun werden sie ausgedrückt, mit Pfeffer und Schnittlauch bestreut und mit Essig und Oel angemacht. Wer will, kann Rettig oder Kartoffeln darunter thun.

71. Häringsalat.

Ein frischer, neuer Milchner wird geklopft, gehäutelt und sorgfältig entgrätet, dann in kleine Würfel geschnitten. Wer es liebt, kann Zwiebel, Kartoffel oder gewürfelte Aepfel unter den Häringsalat mischen.

72. Kartoffelsalat, geriebener.

Reibe 2 gesottene Kartoffeln, sie müssen aber kalt sein, mache sie mit Salz, Oel, Essig und einem kleinen Kaffeelöffel heißer Fleischbrühe gut zusammen, forme auf dem Tellerchen einen kleinen Berg und ziere ihn entweder mit klein geschnittenen roten oder gelben gesottenen Rübchen, wie einen kleinen Kranz.

73. Kartoffelsalat.

Im Salzwasser gekochte Kartoffeln werden warm geschält und gerädelt, mit Salz, Pfeffer und feingewiegten Zwiebeln gewürzt, ein gutes Salatöl daran gegossen, gut gemengt und mit reinem Essig entsprechend gesäuert.

74. Krautsalat.

Ein Krautkopf wird auf dem Krauthobel fein eingeschnitten, 2 Stunden in Salzwasser eingelegt, hernach ausgedrückt und aufgeschüttelt; inzwischen wird feingewürfelter Speck in einer Pfanne gebräunt, mit gutem Weinessig abgelöscht und nach einmaligem Aufsieden über das Kraut gegossen.

75. Rettigsalat.

Die Rettige werden gewaschen, fein geschnitten oder gehobelt, gesalzen, das Salzwasser abgegossen und der Rettig mit Essig und Oel angemacht. Man kann den Rettig auch reiben, statt schneiden.

76. Salat von gelben Rüben.

Gelbe Rüben werden gereinigt, und in Salzwasser weich gekocht. Sind sie erkaltet, schneide dünne Rädchen, nimm etwas Salz, Salatöl und Essig, statt letzterem kann auch Zitronensaft dazu genommen werden.

77. Selleriesalat.

Die Selleriewurzeln werden gereinigt, in Scheiben geschnitten, diese in Salzwasser und Essig gedämpft, dann in kaltes Wasser gelegt und, wenn sie abgetropft sind, mit Essig und Oel angemacht.

78. Schwarzwurzelnsalat.

Wurzeln putze rein, schneide sie in kleine Stückchen und lege sie bis zum Kochen in Milch oder in Wasser mit etwas Essig vermengt, (sonst werden sie schwarz und sehen nicht mehr proper aus, wenn sie zu Tisch kommen). Dann werden die Wurzeln in Salzwasser recht weich gekocht und nimm wie bei den Rüben Salz, Essig und Oel dazu.

79. Bohnensalat.

Bohnen rein von den Fäden geputzt, fein geschnitten werden in Salzwasser weich gekocht, und wie die anderen Salate angemacht, nur kann man noch fein geschnittene Zwiebel dazu nehmen.

80. Blumenkohlsalat.

Dies dürfen nur kleine Stückchen sein. Wenn sie pünktlich geschält und gewaschen sind, siedet man sie im Salzwasser weich, doch so, daß die Sträußchen ganz bleiben. Nimmt sie mit einem Seiher heraus und legt sie auf ein Plättchen. Verrührt nun von 1 Ei das Gelbe mit einem Eßlöffel Oel, etwas Salz und Pfeffer, geschnittenen Schnittlauch und 2 Eßlöffel von Essig recht tüchtig untereinander und gießt es über den Blumenkohl.

5.

Fleisch und Fleischspeisen.

Fleisch und Fleischspeisen lassen sich in der Puppenküche deshalb nur schwer herstellen, weil ihre Bereitung viel Zeit und längeres Feuern erfordert; deshalb soll aber doch das Nötigste hierüber nicht fehlen, wenn eine meiner kleinen Schülerinnen es sollte versuchen wollen, Fleisch zu kochen oder eine Fleischspeise zu bereiten.

81. Beefsteak.

Vom Schlachtbraten wird ein saftiges Stückchen genommen, gehäutelt und fein gehackt. Darunter werden nebst Pfeffer und Salz fein verwiegte Kräuter, ein Stückchen frische Butter und einige Tropfen Zitronensaft gemischt, dann kleine Beefsteaks daraus geformt und in heißem Fett von beiden Seiten gut gebraten.

82. Bratwürstchen.

Gewöhnliche Bratwürstchen vom Metzger werden in fingerslange Würstchen abgedreht, während man in einem Pfännchen ein nußgroßes Stück Butter zerläßt. Darin bratet man die Würstchen auf beiden Seiten schön gelb, legt sie dann auf ein Plättchen, zu dem in dem Pfännchen zurückgebliebenen Schmalz aber kommt ein Kaffeelöffelchen voll Wasser, läßt es ein Mal damit aufkochen, damit eine Sauce entsteht, welche man über die Würstchen gießt.

83. Coteletts von Kalb-, Hammel- oder Schweinefleisch.

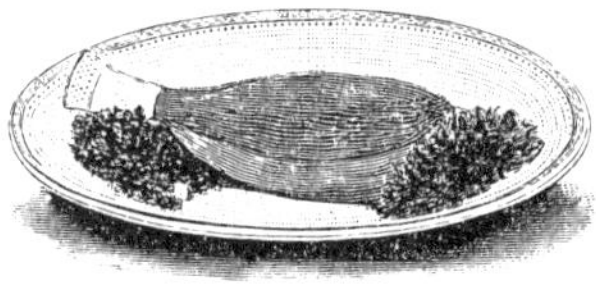

Lasse von einem Rippstückchen den unteren Knochen abhauen, klopfe das Fleisch sehr stark, schiebe es wieder zusammen, streue Salz und Pfeffer darauf, tauche sie in verrührte Eier, wende sie in geriebenem Weck um und backe sie in Schmalz auf beiden Seiten schön gelb.

84. Fleischpölsterchen.

Ein eigroßes Stückchen gekochtes und wieder erkaltetes Fleisch wird mit einem Stückchen Zwiebel und etwas Zitronenschale fein gewiegt. Unterdes weicht man einen altgebackenen Wecken fest aus, wiegt ihn noch etwas mit, rührt ein Ei, ein halbes Kaffeelöffelchen voll Salz und eine Prise Pfeffer daran. Nun wird ein Bratpfännchen mit Butter

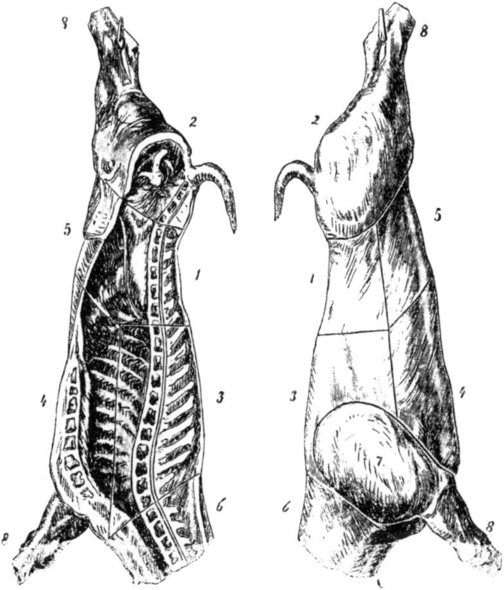

Das Kalb und seine Teile.

1. Nieren, Nierenbraten mit Filet.
2. Schlegel.
3. Karré, Koteletten.
4. Brust.
5. Bauchlappen.

1—3 Rücken mit den Nieren.
6. Hals.
7. Bug.
8. Storzen.

ausgestrichen, das Angerührte gleichmäßig darin ausgebreitet, dann in das nicht zu heiße Bratröhrchen geschoben und 1/2 bis 3/4 Stunden darin gelassen, dann wird es schön gelb gebacken sein. Nun wird das Pölsterchen auf eine Platte gelegt oder darauf umgestürzt und zu Tisch gegeben.

85. Kalbsschnitzchen.

Vom Schlegel werden der Länge nach dünne Scheiben geschnitten, tüchtig geklopft, gesalzen, in Mehl umgewendet und ein gutes Stückchen Butter heiß gemacht. Die Scheibchen darin schön gelb gebacken und kurz vor dem Anrichten 2 Löffel saurer Rahm darüber gegossen.

86. Kalbsbraten.

100 Gramm Kalbfleisch werden nach dem Waschen gut abgetrocknet und darauf mit einem Kaffeelöffel voll Salz eingerieben. In das Bratpfännchen legt man ein nußgroßes Stückchen Butter und eine in Scheiben geschnittene Zwiebel, das Fleisch darauf, worauf man es

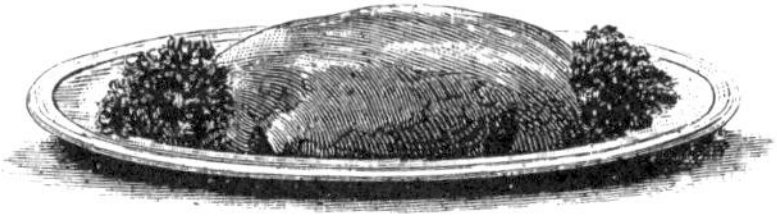

ans Feuer setzt. Ist es auf beiden Seiten schön gelb gebraten, gießt man etwas Wasser dazu, und setzt den Deckel auf das Pfännchen, bis der Braten gehörig weich ist, wobei Wasser nachgegossen und der Braten umgewendet werden muß, so oft es nötig erscheint. Nach anderthalb Stunden wird das Brätchen angerichtet und die Sauce darüber gegossen.

87. Kalbsbrieslein, eingemacht.

Ein Kalbsbrieslein wird 1 Stunde in laues Wasser gelegt, damit alles Blutige heraus gezogen wird; nun wird es mit so viel kaltem Wasser aufs Feuer gesetzt, daß dasselbe darüber geht, nebst einem Kaffeelöffelchen voll Salz. Sowie es zu schäumen beginnt, wird der Schaum abgenommen, und wenn das Brieslein noch einige Wälle gethan hat, so wird es in kaltes Wasser gelegt, damit es schön weiß bleibt; nun zerläßt man ein nußgroßes Stückchen Butter im Pfännchen, röstet darin einen gehäuften Kaffeelöffel voll Mehl hellgelb und löscht mit 8—10 Löffeln voll Fleischbrühe ab. In diese Brühe legt man das in Scheiben geschnittene Brieslein, ein Stückchen Zitronenschale und das nötige Salz, läßt es noch 1/4 Stunde einkochen und richtet es auf ein tiefes Plättchen an.

88. Kalbsbrieslein, gebacken.

Das Brieslein, wenn es gesotten ist (es muß möglichst ganz beisammen bleiben), wird in Ei umgewendet mit

Brotkrumen bestreut und in heißer Butter schön gelb gebacken. Ist gut zu Beilage von Gemüse.

89. Kalbfleisch, eingemacht.

Zerschneide 100 Gramm Kalbfleisch in 3—4 Stücke, wasche es rein, zerlasse dann ein nußgroßes Stückchen Butter, röste 1 Löffel voll Mehl hellgelb darin, lösche dies mit 6 — 8 Eßlöffel voll Wasser oder Fleischbrühe ab und lege das Fleisch hinein. Diesem fügt man ein kleines Zwiebelchen, 1 Gewürznelke, eine Zitronenschale, ½ Lorbeerblatt und das erforderliche Salz bei und kocht es eine Stunde lang weich und dicklich. Nun kommt noch etwas Zitronensaft und Wein daran, worauf man es noch ein Paar Wälle thun läßt und in ein tiefes Plättchen anrichtet.

90. Haschi.

Gebratenes, fein gewiegtes Kalb-, Rind- oder Schweinefleisch wird in eine Haselnuß groß Butter gedämpft, ein Kaffeelöffel Mehl darauf gestreut und dann mit Zitronensaft abgelöscht, wenn noch zu dick, mit Fleischbrühe verdünnt, doch muß es, wenn es zur Fülle von Pastetchen genommen wird, dicker bleiben, als wenn es nur als Speise zu Kartoffeln aufgestellt wird.

91. Haschi mit Brot.

Ein Stückchen übriger Braten wird mit etwas Zwiebeln fein gehackt, ein Eßlöffel geriebenes Weißbrot schön gelb in Schmalz geröstet. Vermenge das Fleisch mit dem Brote, gieb Salz, etwas Essig und heiße Fleischbrühe daran und lasse es kochen.

92. Rindfleisch, gesotten.

Klopfe 100 Gramm Rindfleisch mehrmals tüchtig durch, dann wasche es, setze es in einem Töpfchen mit frischem Wasser an ein starkes Feuer. Wenn es zu schäumen anfängt, wird das Feuer langsamer unterhalten und der Schaum fleißig abgehoben. Ist dies geschehen, so kommt ein Kaffeelöffelchen voll Salz und einige Küchenkräuter oder Wurzeln dazu, und läßt dies noch $1\frac{1}{2}$ Stunden langsam fortsieden, bis das Fleisch weich ist. Nun wird die Brühe beliebig verwendet, an das Fleisch aber gießt man wieder etwas Wasser, damit es nicht trocken wird und streut vor dem Anrichten ein wenig Salz und grüne Kräuter darauf.

93. Schinkenragout.

Dünne Scheiben von rohem Schinken würze nicht zu stark mit weißem Pfeffer, gieße roten Wein daran und dämpfe sie darin, rühre geriebenen Weck dazu und drücke beim Anrichten einige Tropfen Zitronensaft darauf.

94. Schweinebraten

ist sehr leicht zu machen, indem man das gewaschene, abgetrocknete und eingesalzene Fleisch mit etwas

Zwiebeln und ein wenig Fleischbrühe oder Wasser in das Bratgeschirr legt und in 1½–2 Stunden langsam weich bratet, wobei man ihn fleißig umkehrt und nie zu viel Fett daran läßt.

95. Speckpfannkuchen.

Verrühre 2 Löffel voll Mehl in 1 Eiweiß, füge etwas Salz und so viel süßen Rahm bei, daß ein dünner Brei entsteht. Nun wird Speck in kleine Würfel geschnitten, den man in der Pfanne schwitzen läßt, dann gießt man den Teig darüber und backt den Pfannkuchen sorgfältig aus. Muß ganz heiß zu Tisch gegeben werden.

6.

Pastetchen.

96. Butterteig zu Pastetchen, Kuchen 2c. 2c.

Verrühre 1 Eigelb, nimm $1/2$ Eischale Wasser, etwas Salz, 55 Gramm Mehl dazu, arbeite es tüchtig auf dem Brette, bis es Blasen giebt. Dann schneide auf 55 Gramm Mehl 55 Gramm Butter, arbeite es tüchtig zusammen. Deine Händchen dürfen aber nicht zu warm sein, auch kann der Teig nicht in zu warmem Zimmer gemacht werden, sonst klebt die Butter an.

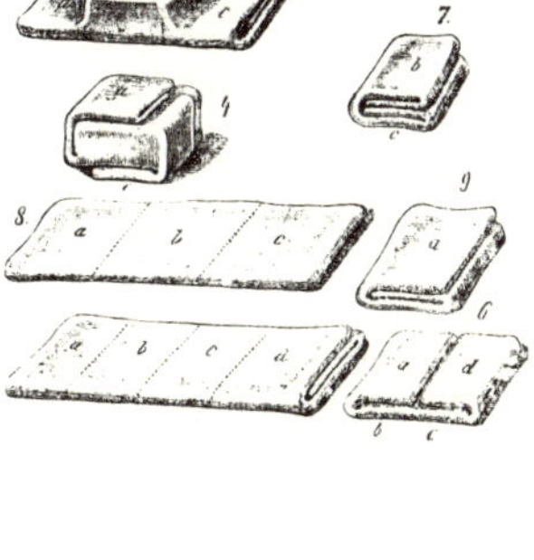

Hernach wird die erstere Masse ausgewellt, die andere in die Mitte gelegt und überschlagen, ausge=

wellt und wieder zusammen geschlagen und so dreimal damit verfahren.

Dieser Butterteig eignet sich vorzüglich zu salzigen Pastetchen, kann aber auch zu Kuchen genommen werden.

Ist die Masse zum drittenmale zusammen, welle ihn wieder aus, dann schneide, wie Bild nebenan zeigt, kleine Stückchen davon oder steche den Teig mit runden Formen aus. Das Nähere bezeichnen die nächst folgenden Nummern.

97. Frankfurter Teig.

30 Gramm Butter, 15 Gr. Zucker, 45 Gr. Mehl werden mit einem Eßlöffel Ei und etwa einem Löffel Milch oder Wein zusammen geschafft, zu süßen Pastetchen oder Kuchen verwendbar.

98. Fleischpastetchen.

Nimm den Butterteig, wie Nr. 96 Dir zeigt, welle ihn messerdick aus, stich mit einem kleinen Glase oder kleinen Blechform runde Plätzchen, die eine Hälfte stich in der Mitte noch mit kleinerer Form aus, daß es nur einen Rand bildet. Dann bestreiche das Erstere außen mit kalt Wasser und lege den Ring darauf, bestreiche ihn mit Ei und lege es auf ein mit Butter bestrichenes und Mehl bestreutes Blech zum Backen in gutem Ofen. Ist es fertig, kommt Fleischfülle (Haschi) darein und wird warm zu Tisch gegeben.

99. Speckpastetchen.

Der Butterteig wird wie bei den vorangehenden Pastetchen ausgewellt, mit einer kleinen Form ausgestochen und auf ein mehlbestreutes Blech gelegt. Dann wird Speck in kleine Würfelchen geschnitten, etwas Salz und Kümmel daran gethan, auf die Pastetchen gelegt und diese in einem heißen Ofen hellgelb gebacken.

100. Pastetchen, gefüllt.

Laß Dir von Deiner lieben Mutter oder Deiner Köchin ein Stückchen Butterteig geben, so Du ihn nicht selbst bereiten willst, welle denselben aus, stich runde Plättchen daraus, bestreiche sie außen herum mit Ei, lege etwas Eingemachtes darauf und schlage sie übereinander. Nun werden die Pastetchen mit Ei bestrichen, kleine Schnittchen am Rande hinein gemacht und lichtbraun gebacken.

101. Rahmpastetchen.

Du kannst Butterteig oder Frankfurterteig dazu nehmen. Welle es messerrandbreit aus, bestreiche kleine oder größere Formen mit zerlassener Butter, überstreue dies mit Mutschel- oder ge-

wöhnlichem Mehl und lege sorgfältig den mürben

Teig, den Du in die nötigen Stückchen, wie es die Form etwa erfordert, schneidest, hinein. Dann lege Rosinen auf den Teig und gieße halbvoll, von (je nachdem Du mehr oder weniger Pastetchen machen willst) 1 oder ½ Ei, mit Zucker tüchtig geschlagen und 1 Deziliter halb sauren halb süßen Rahm, in Formen.

102. Zuckerpastetchen mit Reis.

Eine Handvoll feiner, ausgelesener Reis wird mit etwas gestoßenem Zucker und einigen Rosinchen in einer Tasse Milch dick eingekocht, ein Eigelb und ein zu Schnee geschlagenes Eiweiß eingerührt, die Pastetchenformen mit ausgewelltem Butterteig belegt, die Reismasse hineingefüllt und im Ofen rasch gebacken.

7.

Sulzen.

Fleischsulzen lassen sich in Puppenküchen nicht leicht bereiten, weßhalb ich mich hier auf Obst- und Milchsulzen beschränke, zumal dieselben sehr gut sind.

103. Aepfel, gesulzt.

Gute Aepfel werden geschält und mit in Wein recht weich gekochten und durch ein Haarsieb getriebenen Zibeben, die dann noch zur Sulzdicke eingekocht wurden, gefüllt. Nun koche die Aepfel in halb Wein, halb Wasser, etwas Zucker und ganzem Zimmt weich und lege sie auf eine Porzellanschüssel, zu der noch übrigen Sauce kommt etwas Zitrone und so viel Zucker als nötig ist, um sie gehörig süß zu machen, nebst etwas Wein, Wasser und Gelatine, die zuvor über Nacht in Wasser eingeweicht ward. Dies wird so lange mit einander gekocht, bis die Gelatine aufgelöst ist, dann gießt man sie durch ein Tuch über die Aepfel, deckt sie zu, damit die Sulz um so heller wird, und läßt sie an einem kühlen Orte gestehen. Will man die Sulz rot haben, so wird ein Stückchen spanischer Flor mitgekocht.

104. Himbeeren, gesulzt.

Zerdrücke 2 Deziliter recht reife Himbeeren mit einem Löffel, rühre 1 Deziliter Wein daran, treibe es durch ein Haarsieb. Nun wird der Himbeersaft durch ein Tuch in ein messingnes Pfännlein gegossen, Zucker nach Belieben daran gethan und 2 Gramm weiße Gelatine, die in lau Wasser aufgelöst ist, daran gegossen; Alles zusammen wird so lange gekocht, bis es gesteht, wenn es kalt ist, was mit einem Tropfen, welchen man auf einen Teller fallen läßt, leicht probiert werden kann. Nun legt man schöne Himbeeren auf eine Porzellanschale, gießt die Sulz darüber und läßt sie zugedeckt an einem kühlen Orte gestehen.

105. Milchsulz.

Mache 3 Deziliter Milch mit beliebig Zucker und etwas Zitronenschale siedend, füge dann 2 Gramm Gelatine, in wenig Wasser aufgelöst, dazu und lasse es kochen. Dann rühre 20 Gramm geschälte und fein gestoßene oder geriebene süße Mandeln und nur eine einzelne bittere Mandel an die siedende Milch, treibe alles durch ein leinen Tuch, laß es nochmals aufkochen und gieße es zum Abkühlen in beliebige Formen.

8.

Crême.

Auch die Crême sind in der Puppenküche nur vereinzelt zu bereiten, da zu ihrer Herstellung sehr viele Zuthaten nötig sind, deren Behandlung eine ganz besondere Aufmerksamkeit erfordert; die lieben kleinen Köchinnen müssen sich deßhalb mit dem Wenigen begnügen, was hierin ihrem Kochfleiß geboten werden kann.

106. Eiercrême.

1 Eiweiß und 20 Gramm Zucker werden zu Schaum geschlagen, ½ Kaffeelöffelchen Stärkemehl und 3 Deziliter Rahm damit gekocht und zum Erkalten an einen kühlen Ort gesetzt. Das Stärkemehl wird zuvor mit etwas kaltem Rahm angerührt, auch kann man ein wenig gestoßene Vanille beifügen.

107. Kaffeecrême.

15 Gramm Kaffee, ganz hellgelb, stoße mit etwas Vanille gröblich, setze dann 3 Deziliter Milch ans Feuer und thue das Gestoßene nebst beliebig viel

Zucker an die siedende Milch; hat es zusammen gut gekocht, so treibe es durch ein Haarsieb und lasse es abkühlen. Unterdeß verrühre 1 Eigelb, gieße die abgekühlte Milch daran und treibe es noch ein Mal durch das Haarsieb auf eine Platte, setze diese in siedendes Wasser, während darauf ein Deckel mit schwachen Kohlen kommt; nach 1/4 Stunde ist die Crême fertig und kann warm oder kalt aufgetragen werden.

108. Mandelcrême.

Stoße 40 Gramm süße und 5 Gramm bittere Mandeln mit einigen Tropfen Wasser, thue diesen Brei an 2 Deziliter Rahm, drücke den Saft von einer halben Zitrone darein, zuckere nach Belieben, peitsche Alles mit einem Beschen zu Schaum, schöpfe diesen auf ein Sieb ab, fülle Gläser mit dem Flüssigen und thue den Schaum darauf.

109. Stachelbeercrême.

200 Gramm schöne, reife, frischgepflückte Stachelbeeren werden ausgelesen, von Stiel und den Köpfen befreit, dann mit heißem Wasser übergossen, wenn sie abgetropft sind, durch ein Sieb getrieben, mit 100 Gramm gestoßenem Zucker eingekocht, 4 Deziliter geschlagener Rahm und 10 Gramm Gelatine eingerührt, die Masse in eine Kristallschale gegossen und kaltgestellt.

110. Schokoladecrême.

30 Gramm feine Schokolade, reibe sie, nimm 1 Löffel Zucker, ½ Theelöffel Stärkemehl und 100 Gramm oder 10 Löffel Milch dazu, laß es wenig in der Pfanne kochen, nimm es vom Feuer weg und rühre das zu Schnee von 1 Ei geschlagene Weiß dazu und rühre die Crême durch ein Sieb in die Schüssel.

111. Apfelcrême.

Koche 2—3 geschälte Aepfel mit einem guten Stückchen Zucker und wenig Wasser so weich, daß Du sie hernach durch ein Sieb drücken kannst. Rühre ein Ei mit 50 Gramm feinem Zucker schaumig, nimm die gekochten Aepfel dazu und mache auf eine Platte einen Berg, verziere ihn mit geschälten, länglicht geschnittenen Mandeln, die mit Zucker vermengt waren.

112. Apfelsinencrême.

Der Saft einer Apfelsine und ein wenig von der Schale werden mit 2 Eiern, 2 Theelöffel süßen Rahmes, 1 Theelöffel Stärkemehl, 1 starken Eßlöffel Zucker gut gerührt, dann gieb 100 Gramm süße Milch dazu. Schlage die Masse, bis sie zum kochen kommt und gieße sie dann über Bisquitplätzchen, die Du in runde Scheibchen oder längliche Streifen schneiden kannst. Obenauf kannst Du, wenn es erkaltet ist, noch mit verzuckerten Apfelsinenscheibchen verzieren.

113. Vanillecrême.

1/8 Liter Milch, 10 Gramm Zucker und ein kleines Stückchen Vanille werden etwa 5 Minuten gekocht, dann vorsichtig an 1 Eigelb gerührt. Löse 2 Gramm Gelatine in wenig Wasser auf und rühre es stark an obiges; fülle es in eine in Wasser getauchte Form und stelle es an einen kühlen Ort. Beim Anrichten halte die Form in warmes Wasser und stürze sie auf eine beliebige Schale.

114. Weincrême.

40 Gramm Zucker in etwas Wasser aufgelöst, 1/8 Liter guten Wein, 1/2 Kaffeelöffel Stärkemehl mit etwas Wein angerührt und 1 Eigelb schlage auf schwachem Feuer solange, bis es zum kochen kommt. Hernach nimm 1/2 Kaffeelöffel Rum oder Arac, 2 Gramm in wenig Wein aufgelösten Gelatine und endlich den Schnee von dem Ei in die noch warme Masse. Es darf nicht mehr kochen, dann wird es zum Erkalten in Schalen gethan.

9.

Eier=, Milch= und Mehlspeisen

nebst gekochtem Obst.

Die Bereitung solcher Speisen wird meinen kleinen Köchinnen mehr Freude machen. Sie erfordern nicht so viele Mühe, es sind die Zuthaten auch leichter zu haben und schmecken Euch auch wohl besser, als die Fleischspeisen, die Ihr aus der großen Küche allerdings zum Besten Eurer Gesundheit täglich zu nehmen habt.

115. Auflauf, gewöhnlich.

Nimm 60 Gramm Mehl, mache mit 3 Deziliter Milch, die nur allmählich nachgegossen werden darf, ein Teiglein, rühre 5 Kaffeelöffel voll Ei und das nötige Salz, auch Zucker nach Belieben daran, bis der Teig glatt ist. Jetzt bestreiche die Bratpfanne stark mit Butter, fülle sie zur Hälfte mit Teig und stelle sie zum Backen in die Bratröhre. Nach dem Backen streue Zucker und Zimmt darauf oder gieb gekochte Zwetschgen dazu.

116. Aepfelbrei.

Ein großer Apfel wird geschält, in dünne Schnitzchen geschnitten, mit etwas Wasser, Zucker, Zimmt und Weinbeeren gekocht und zuletzt ganz verrührt. Ist sehr gut zu Pfannkuchen u. dgl. und kann auch über geröstetes Weißbrot, Schnitten 2c. angerichtet werden.

117. Aepfelgemüse.

Schneide zwei gute saure und geschälte Aepfel in dünne Schnitzlein, nimm ein kleines Händchen voll geriebenes Schwarzbrot, 15 Gramm gestoßenen Zucker, 25 Gramm gestoßene Mandeln, ein wenig Zimmt, mische es durcheinander, lege auf ein Porzellanplättchen dünne Butterscheiben, streue von dem geriebenen Brot darüber, thue eine Lage Aepfel darauf, wieder Schnitten von Butter, dann wieder Brot u. s. f., bis beide Teile zu Ende sind und das obere davon Brot ist; schneide nun etwas mehr Butter darauf als vorher, drücke es mit der Hand fest zusammen und backe es im Ofen gelb; 50 Gramm Butter reichen zu.

118. Aepfelkrapfen.

Mache aus 60 Gramm Mehl, einem Löffelchen voll Hefe und der nötigen lauen Milch ein Teiglein und laß es an einem temperierten Ort gehen. Ist dies geschehen, so rühre ½ Ei, 30 Gramm zerlassene Butter und erforderlichen Falls etwas Milch bei und klopfe den Teig, bis er sich selbst vom Löffel schält. Teile ihn in einen größeren und einen kleineren Teil, welle den ersten nach der Bratpfanne, den zweiten etwas kleiner aus, bestreiche die Pfanne mit Butter und lege den Kuchen in dieselbe. Jetzt mußt Du einen geschälten Apfel in feine Stückchen zerschneiden, auf den Teig legen und mit Zucker, Zimmt und Weinbeeren bestreuen. Der zweite kleinere Kuchen kommt als Deckel darauf; ist er rings herum angedrückt und mit Butter bestrichen, so läßt man ihn zu nochmaligem Gehen stehen, worauf er in der Röhre gebacken wird.

119. Auflauf mit Flädlein.

Flädlein, wie sie zur Suppe angegeben sind, aber ohne Schnittlauch und an Stelle des Speckes reines Schmalz genommen, werden schön dünn und gelb gebacken. Bestreue sie mit Weinbeeren, Zucker, Zimmt und fein geriebenen, geschälten Mandeln; wickle jeden einzelnen kleinen Kuchen zusammen, lege sie schneckenartig in eine blecherne Kuchenform und gieb 4 Eßlöffel Ei mit etwas Zucker und einem Deziliter Milch darüber und laß es in der Röhre schön gelb aufziehen.

120. Auflauf mit Bisquit.

30 Gramm Zucker, 1 Eigelb und etwas Zitronensaft werden leicht gerührt; zuletzt werden noch 15 Gramm Puder nebst dem Schnee von

einem Eiweiß daran gerührt, in die mit Butter bestrichene Form gegossen und langsam im Ofen aufgezogen.

121. Aepfelauflauf.

In den Teig wie zum gewöhnlichen Auflauf rühre ganz feine Aepfelschnitzchen mit Zucker und Zimmt und behandle ihn im übrigen wie denselben. Statt der Aepfel kann man auch Kirschen, ausgesteinte Zwetschgen ꝛc. darunter rühren.

122. Auflauf mit Kartoffeln.

Reibe eine erkaltete, mittelgroße, gesottene Kartoffel, rühre es mit 30 Gramm Butter, 1 Eigelb, 1 starke Messerspitze voll Mehl und Milch ganz glatt, füge so viel Zucker bei, daß es nach Belieben süß ist, und würze dies mit etwas abgeriebener Zitronenschale. 1 Eiweiß wird zu Schaum geschlagen, kurz vor dem Einfüllen in die Masse gerührt und diese in einem bestrichenen Aufzugblech oder einem Porzellanplättchen aufgezogen.

123. Blinder Stockfisch

Bähe Schnitten von dem vierten Teil einer Semmel gelb, schneide ein ganz kleines Zwiebelchen fein, dämpfe es mit etwas Mehl gelb, gieße 2 Deziliter Milch daran und laß es unter stetem Umrühren mit ein wenig Salz und Muskatnuß einige Mal aufkochen. Richte dieses über die gebähten Schnitten an, und wenn sie ein wenig angezogen haben, so gieb sie rasch zu Tisch.

124. Apfelmännchen.

Reibe ein Stück Schwarzbrotkrume, vermenge damit Zucker, Zimmt und gewaschene Rosinen. Bestreiche eine Bratpfanne mit Butter, streue dicht einen Teil des geriebenen Brotes darauf, schneide einen geschälten Apfel in kleine Schnitzchen, dann wieder auf die Aepfel von den Brotkrumen, wieder Aepfel und Brot, bis das Pfännchen voll ist. Oben auf lege kleine Stückchen Butter. Dann back es in der Röhre und gieße, wenn Du es auf die Platte stürzest oder in dem Pfännchen aufträgst, etwas Himbeersaft darüber.

125. Eiermilch, kalt zu geben.

Nimm einen Kaffeelöffel Mehl, rühre ihn mit wenig Milch an, dann 2 Kaffeelöffel Ei, und verdünne es noch mit Milch, daß es leichter Brei ist. Hat er gut gekocht, gieße ihn in Töpfchen von Porzellan und wenn er kalt ist, bestreue ihn gut mit Zucker und Zimmt.

126. Breite Nudeln.

Von dem gewöhnlichen Nudelnteig, den Du zur Suppe verwendet und dessen Rest Du in etwas breitere Stränge geschnitten hast, kannst Du in Salzwasser sieden. Sie sind bald weich; nimm sie mit einem Löffel in den Seiher und gieße heiß Wasser darüber, richte sie auf eine Platte kurz vor dem Auftragen an und überstreue sie mit in Butter oder

Schmalz gerösteten Brotkrumen. Schmeckt als Beigabe zu Fleischspeisen gut.

127. Rahmstrudel.

Dieselben Nudelstreifen, in Milch aufgekocht, etwas Ei, Zucker und Zimmt, einen Kaffeelöffel sauren und süßen Rahm, sogleich nach Wegnehmen vom Feuer daran gerührt und in Auflaufform gebacken.

128. Brötchen, gefüllt.

Man läßt kleine runde Milchbrötchen backen, schneidet oben einen Deckel ab und höhlt die Brosamen heraus, weicht letztere in Milch ein, drückt sie wieder aus, mischt mit Rosenwasser gestoßene Mandeln, Zucker, etwas Eigelb und Zibeben darunter, füllt mit dieser Mischung die Brötchen, bindet den Deckel wieder darauf, backt sie schnell in heißem Schmalz und läßt sie nachher einmal in einer Obstbrühe aufkochen. — Man kann die Brötchen auch mit eingemachten Früchten füllen.

129. Eier, eingeschlagen.

Bestreiche ein Pfännchen dick mit Butter, schütte verrührte und gesalzene Eier darein und setze sie auf Kohlenfeuer; wenn sie recht auflaufen, so sind sie fertig.

130. Eierkuchen oder Eierpolster.

Schneide 1/4 Semmel ganz klein ein, gieße 3 Deziliter Milch daran, laß dies eine Stunde stehen, dann füge ein mit Salz verkleppertes Ei und ein wenig Schnittlauch bei, gieße diesen Teig in das Pfännchen, in welchem etwas Schmalz heiß gemacht wurde, und backe den Kuchen langsam über Kohlen aus, was in etwa einer Stunde geschehen sein wird. — Wer ihn süß haben will, läßt Salz und Schnittlauch weg und thut Zucker daran.

131. Hefenpfannkuchen.

Rühre 1 Löffel voll Mehl mit etwas Milch, ½ Ei, Salz und 1 Löffel voll verdünnter Bierhefe zu einem dünnen Pfannkuchenteig an, stelle ihn einige Stunden zur Wärme, daß er gut aufgeht und backe ihn dann in heißem Schmalz bei fest zugemachtem Deckel.

132. Jacoten.

Verrühre 1 Ei tüchtig, gieße 4—5 Löffel voll süße Milch dazu, nebst einigen Tropfen Zitronensaft und 30 Gr. Zucker, bestreiche einige kleine Obertäßchen mit Butter; in dieselben gieße das Angerührte, sie dürfen aber nur schwach halb voll sein. Hierauf mache Wasser in einem Geschirr siedend, stelle die zugedeckten Tassen in dasselbe, das Wasser darf aber nur zur Hälfte der Tassen gehen; sind sie eine schwache Viertelstunde in dem siedenden Wasser gewesen, so stürze sie auf eine Platte um und gieße eine Chaudeausauce darüber.

133. Pfitzauf.

Rühre einen guten Kaffeelöffel Mehl mit etwas Milch glatt, schlage ein halbes Ei daran, wenig Salz und verdünne den Teig wie zu Flädleinteig. Fülle mit Butter bestrichene Formen zur Hälfte und laß es in gutem Ofen backen.

134. Maccaroni.

Siede dieselben in Salzwasser, bis sie recht aufgegangen sind, richte sie dann auf eine tiefe Platte an, streue geriebenen Parmesankäse darauf, dann wieder eine Lage Maccaroni, oben auf nochmals Käse. Zuletzt wird noch mit in Butter gerösteten Brosamen geschmälzt.

135. Mandelbrei.

Zerstoße 15 Gramm Mandeln recht fein, rühre 10 Gramm Butter, 10 Gramm Zucker, 1 kleines Eigelb, nebst ein wenig kleingeschnittener Zitronenschale daran, schlage das Weiße vom Ei zu Schnee, rühre ihn langsam daran, gieße die Masse in ein mit Butter bestrichenes Schüsselchen, streue Zimmt darauf und laß sie im Backofen oder zwischen Kohlen backen.

136. Mehlbrei, gewöhnlich.

Nimm 1 Löffel voll Mehl, rühre so viel Milch daran, daß das Teiglein noch etwas dünner wird, als ein Flädleinsteig. Setze es in dem Pfännchen ans Feuer, rühre es fortwährend langsam, bis es tüchtig kocht, dann laß es bei mäßigem Feuer langsam weiter kochen, bis es eine Scharre hat. Rührt man etwas Ei an den Teig, so wird der Brei um so besser. Griesbrei wird ebenso gekocht.

137. Nudeln, gestutzt.

Gewöhnliche Nudelpläße werden in fingerbreite Nudeln geschnitten, langsam in siedende Milch gestreut und so lange in derselben gekocht, bis nur noch wenig Brühe daran ist. Nun thut man ein Stück Butter daran, wendet sie vorsichtig um, und wenn sie auf beiden Seiten gelb sind, so kommt etwas süßer Rahm dazu, mit dem man sie ein wenig aufkochen läßt und dann schnell anrichtet.

138. Omelette oder Pfannkuchen.

Von 1 Ei, 1 Kochlöffel voll Mehl und etwas Milch mache einen dickern Teig als zu Flädlein, bei dem Du das Salzen nicht vergessen darfst; von diesem Teig gieße so viel in das in dem Backpfännchen heiß gemachte Schmalz, daß der Pfannkuchen halb so dick wird, als Dein kleines Fingerchen. Ist er auf beiden Seiten schön gelb gebacken, so wird er herausgenommen und so fortgefahren, bis aller Teig verbacken ist. — Zu süßen Omeletten füge dem Teig statt des Salzes beliebig viel Zucker und Gewürz bei.

139. Schneeberg.

Nimm 15 Gramm gesiebten Zucker, vermenge es mit dem Schnee von 5 Theelöffel Eiweiß, ist es noch gut geschlagen, nimm einen kleinen Theelöffel eingemachte Johannis- und Himbeeren dazu, bestreiche eine Porzellanplatte mit Butter, setze die Masse bergartig darauf und setze länglicht geschnittene Mandeln oben auf. Laß es in warmer Ofenröhre oben schön gelb werden.

140. Pfannkuchen, gefüllt.

Mache den Teig wie zu gewöhnlichem süßen Pfannkuchen, nur backe diesen etwas dünner und ganz hellgelb. Ist er auf beiden Seiten schön gelb gebacken, so lege ihn auf einen Teller, streiche eine beliebige eingemachte Frucht darauf, schlage ihn über einander, streue Zucker darauf und lege ihn so noch einmal auf ganz kurze Zeit in die Pfanne. — Statt der eingemachten Früchte kann man auch eine beliebige gehackte Fleischfülle auf den Pfannkuchen streichen und wie oben angegeben vollends braun backen.

141. Pfannkuchen mit Aepfel

sind sehr gut und werden auf folgende Weise bereitet: dämpfe dünne Aepfelschnitten in heißem Schmalz, streue Zucker darauf und gieße Teig von dem süßen Pfannkuchen darüber; ist er auf beiden Seiten schön gelb gebacken, so wird er mit Zucker bestreut und sofort zu Tisch gegeben.

142. Rühreier.

Rühre 1 Ei mit einem haselnußgroßen Stückchen Butter, 2—3 Löffel voll Rahm und etwas Salz so lange auf dem Feuer, bis eine dicke breiartige Masse daraus entstanden ist; dann richte sie rasch in eine Schüssel an und gieb sie eben so schnell zu Tisch. Paßt gut zu stark gesalzenen Fleischspeisen.

143. Geschmälzter Weck.

Zerschneide den vierten Teil einer Semmel in dünne Schnitten, lege sie in das mit Butter bestrichene Bratpfännchen, verrühre dann ein kleines Ei mit etwas Salz und ein Paar Löffel voll Milch, gieße dies über die Schnitten, lege kleine Stückchen Butter darauf und backe dies 15—25 Minuten im Backofen.

144. Wienertörtlein.

Rühre 30 Gramm Butter leicht, schlage 1 kleines Eigelb daran, füge diesem 1 Löffel Mehl, ein wenig geriebene Zitronenschale, 25 Gramm feingesiebten Zucker bei und rühre dies eine Viertelstunde lang. Dann bestreiche kleine Formen mit Butter, bestreue sie mit

Weißmehl, fülle diese Masse darein und backe sie im Ofen. Jede süße Sauce ist dazu geeignet.

145. Schneeballen.

Schlage das Weiße eines Eies zu einem steifen Schnee, menge einen Kaffeelöffel feinen Zucker darein und lege in kochende Milch mit einem kleinen Löffel runde Bällchen, wende sie während kurzem Kochen einmal um, richte sie auf eine Platte an und übergieße sie mit beliebiger, vorn angegebener süßer Sauce.

146. Wackelpeter.

Rühre einen Kaffeelöffel Mondamin oder feines Stärkemehl mit einem Deziliter kalter Milch an, gieb 30 Gramm Zucker, ein wenig Vanille oder geriebene Schokolade dazu und laß es gut kochen. Du kannst vom Feuer weg 2 Kaffeelöffelchen Eigelb daran rühren, ist aber auch ohne dies gut. Beim Umstürzen aber mache einen kleinen Berg von 1 Ei, steifen Schnee mit Zucker darauf.

147. Zwetschgenbrei.

Steine frische Zwetschgen aus und koche sie mit Zucker und Zimmt so weich, daß sie leicht ganz verrührt werden können. Nach diesem belege eine Platte mit gebackenen Weißbrotschnitten und richte den Brei darüber an.

10.

Puddinge.

Alle Puddinge werden zum Garkochen in die Puddingform gefüllt und in ein anderes Gefäß in siedendes Wasser gesetzt, in welchem sie solange bleiben, bis sie gar gekocht sind.

148. Brotpudding.

1 Ei wird mit 15 Gramm Zucker leicht gerührt, dann füge 10 Gramm gestoßene Mandeln, etwas Zitronenschale, 10 Gramm geriebenes Brot, welches zuvor mit gutem Wein angefeuchtet wurde, bei; ist alles gut zusammengerührt, so schlage Eiweiß zu Schaum, fülle die Masse in eine mit Butter bestrichene und Brotmehl bestreute blechene Form, in welcher man den Pudding 1 Stunde sieden läßt; nun stürzt man ihn auf eine Platte und giebt eine Weinchaudeausauce dazu.

149. Schokolade-Pudding.

Koche 15 Gramm Schokolade in einem Deziliter Milch und laß es unter beständigem Umrühren dick kochen; dann streue 10 Gramm feines Mehl, 15 Gramm Zucker, ebensoviel Butter hinein, und laß es noch so lange am Feuer, bis die Butter zergangen ist. Ist die Masse erkaltet, so schlage sie 3/4 Stunden lang, rühre allmählich ein verkleppertes Ei daran, fülle die Masse in eine mit Butter bestrichene Form und lasse sie eine gute Stunde im Wasser sieden.

150. Wein-Pudding.

25 Gramm Zucker in Wasser aufgelöst, wenig Zitronenschale etwas aufgekocht, dann 200 Gramm Wein, 48 Gramm Stärkemehl mit Wasser angerührt, einen halben Kaffeelöffel Arac, etwas Zitronensaft, nochmal aufgekocht, das Gelbe eines halben Eies und den Schnee desselben noch auf dem Feuer vorsichtig darein gerührt. Dann zum Erkalten in beliebige Schalen gefüllt.

151. Reis-Pudding.

60 Gramm Reis werden mit 1/4 Liter Milch weich gekocht, 30 Gramm Zucker, 1 Ei, davon das Weiße zu Schnee geschlagen, etwas Zimmt oder Vanille-Zucker dazu. Kann gesotten oder als Auflauf gebacken werden.

152. Kalter Pudding.

30 Gramm süße Mandeln werden fein gerieben, 30 Gramm Stärkemehl, 23 Gramm Zucker mit

einem achtel Liter Milch angerührt und langsam gekocht. Schlage das Weiße eines Eies zu Schnee, menge ihn, sobald der Brei sich von der Pfanne schält, in die Masse und fülle es sofort in Porzellan- oder Glas-Gefäße, die zuerst mit kalt Wasser ausgeschwenkt sein müssen. Lasse dann alles gut erkalten, stürze es um und gieße Früchtensaft darüber.

153. Kartoffel-Pudding.

Rühre 15 Gramm Butter leicht, stoße ebensoviel süße und 1 oder 2 bittere Mandeln, die Du zuvor geschält und gerieben, reibe zwei gesottene kalte Kartoffeln, und rühre etwas geriebene Zitronenschale, 20 Gramm feinen Zucker, 1 Ei an die Butter und die sonstigen Bestandteile und füge zuletzt noch ein kleines Löffelchen süßen Rahm bei. Wird in die Form gefüllt, in gewöhnlicher Weise gesotten und mit einer Wein- oder Obstbrühe zu Tisch gegeben.

154. Kartoffel-Pudding, gesalzener.

30 Gramm Butter leicht gerührt, das Gelbe eines großen Eies, 60 Gramm kalt geriebene Kartoffeln, Salz und ein wenig in Butter gedämpft, klein geschnittene Zwiebel dazu gerührt, zuletzt den Schnee des Eies daran in Puddingform, die mit Butter bestrichen und Krumen bestreut ist, gefüllt und ¼ Stunde gesotten.

155. Pudding, gebacken.

Schneide ½ altgebackene Semmel in Schnittchen, brühe sie mit einem Deziliter siedender Milch an und decke sie fest zu. Indessen rühre 15 Gramm Butter leicht, schlage nach und nach ein großes Eigelb, etwas gestoßenen Zimmt, geriebene Zitronenschale, 8—10 gestoßene Mandeln dazu, rühre alles ¼ Stunde lang gut mit einander, schlage 1 Eiweiß zu Schnee, rühre diesen auch noch daran und backe den Pudding im Ofen. Er ist sehr gut, namentlich wenn man eine Sauce in folgender Weise dazu macht: Verrühre 1 Eigelb mit 15 Gramm Zucker in einem tiefen Töpfchen, füge etwas Zimmt und Zitronenschale bei, gieße 1 Deziliter Wein dazu, und quirle diese über dem Feuer zu einem steifen Schaum.

11.

Torten.

156. Apfeltorte.

Schäle, zerschneide und dämpfe einen Apfel in Butter, koche ihn unter beständigem Umrühren mit etwas Wein zu einem Brei, füge diesem ein wenig Zimmt, kleingeschnittene Zitronenschale, 15 Gramm Rosinen und gestoßenen Zucker bei und lege, während das Mus erkaltet, ein Blech mit Butterteig oder besser Frankfurterteig aus, streiche die Aepfelmasse darauf, doch laß außen herum einen freien Rand, und mache von dem gleichen Teig einen dünnen Deckel darüber. Ist die Torte oben mit Eigelb bestrichen, so wird sie gebacken.

157. Bierhefentorte.

Rühre 15 Gramm Butter eine Viertelstunde lang auf eine Seite, thue nach und nach ein kleines Löffelchen voll Bierhefe, 1 kleines Ei, Zucker, bis die Torte die gewünschte Süße hat, und 25 Gramm Mehl daran. Mit Ei und Mehl darf nicht länger gerührt werden, als bis alles durcheinander ist.

Diesen Teig fülle in eine mit Butter bestrichene Form und backe ihn, wenn er schön gegangen ist, im Backofen.

158. Brottorte.

Rühre 30 Gramm gesiebten Zucker ½ Stunde lang mit 1 Eigelb, füge diesem 25 Gramm zartgestoßene Mandeln bei, rühre dies wieder eine Zeit lang, dann rühre etwas gestoßenen Zimmt, 15 Gramm geriebenes

Schwarzbrot, das in gutem Wein angefeuchtet wurde, nebst dem Schnee von einem halben Eiweiß darunter und gieße dies zum Backen in die mit Butter bestrichene und mit Brotmehl bestreute Form.

159. Schokoladetorte.

10 Gramm Schokolade werden mit etwas Milch glatt gerührt und ein wenig gekocht, dann läßt man es erkalten. Unterdessen werden 30 Gramm Zucker mit 1 Ei recht schaumig gerührt, dann kommt die Schokolade mit 15 Gramm Stärkemehl daran, zuletzt aber der Schnee von 1 Eiweiß. Dies wird in die mit Butter bestrichene Form gefüllt und im Ofen gebacken.

160. Kirschen-, Pflaumen- oder Zwetschgentorte.

Die von den Steinen befreiten Kirschen, Pflaumen oder Zwetschgen werden mit Wein, Zucker, Zimmt, gehackter Zitronenschale dick eingekocht, dann wird ein Butterteig ausgewellt, nach der Größe des Backschüsselchens geschnitten und außen herum ein Rand von gleichem Teig aufgesetzt. Auf diesen Kuchen lege die erkalteten Früchte, mache ein Gitter von schmalen Teigstreifen darüber, bestreiche dies mit Eigelb und backe die Torte schön.

161. Mandeltorte.

Vermische ganz fein gestoßene Mandeln mit beliebig viel Zucker und backe sie in heißem Schmalz schön gelbbraun. Nimm nun einen beliebigen Model, tauche ihn in kaltes Wasser und fülle ihn unter Eindrücken mit den heißen Mandeln. Nach dem Erkalten kann man die Torte aus dem Model thun und zu Tisch geben.

162. Mürbe Torte.

Mische unter 50 Gramm geschlagene Butter 1 Eigelb, 25 Gramm Zucker, 25 Gramm geriebenen Zwieback, etwas abgeriebene Zitronenschale und den Schnee von einem Eiweiß. Backe diese Masse in einer mit Butter ausgestrichenen Form und bedecke die gebackene Torte mit einem beliebigen Zuckerguß oder streue dicht Zucker darauf.

163. Sandtorte.

30 Gramm Butter werden recht schaumig gerührt, 30 Gramm Zucker, ½ Ei, etwas geriebene Zitrone und zuletzt 30 Gramm Puder langsam dazu gethan. Dies ist in ein niederes Blech zu füllen, mit geschnittenen Mandeln zu bestreuen und langsam zu backen.

164. Kartoffeltorte.

30 Gramm gekochte und geriebene Kartoffeln werden mit 20 Gramm gestoßenem Zucker und 4 Theelöffel voll Ei ½ Stunde gerührt, dann das Backblech mit Butter bestrichen, mit Semmelmehl bestreut, die Masse eingefüllt und gebacken. Die Form darf nicht von Kupfer sein.

165. Bisquittorte.

Rühre 8 Gramm gestoßenen Zucker mit 1 Ei ½ Stunde, vermenge damit 8 Gramm Stärkmehl und etwas an einer Zitrone abgeriebenen Zucker, bestreiche kleine Formen mit Butter, streue sie mit geriebenem Brot oder besser Mutschelmehl und fülle sie halb voll.

12.

Kuchen.

166. Aepfelkuchen.

Welle einen Butterteig oder besser Frankfurterteig aus, lege auf denselben die geschälten Schnitze von guten Aepfeln, verrühre 1 Ei mit Zucker, Zimmt und etwas Milch, gieße

dies auf den Kuchen, bis der Guß über die Schnitze geht, streue in Würfel geschnittene Mandeln und Zucker darauf und gieb ihn zum Backen in den Ofen.

167. Kaffee= oder Theekuchen.

In 30 Gramm Butter wird allmählich 1 Eigelb zu Schaum geschlagen, dann fügt man einen Löffel voll Rahm, 10 Gramm gestoßenen Zucker, ein klein wenig Salz und Muskatblüthe bei, rührt 20 Gramm Mehl, 10 Gramm gewiegte Mandeln, etwas Eiweißschnee dazu, schlägt den Teig tüchtig durch, wellt ihn kleinfingersdick aus, belegt ihn mit zerschnittenen Mandeln, Zucker und Butterschnitten und backt ihn in einem nicht zu heißen, gut verschlossenen Ofen.

168. Kirschenkuchen.

Wenn Du 30 Gramm Butter weiß gerührt hast, nimm 10 Gramm geriebene oder gestoßene Mandeln, 15 Gramm Zucker, etwas Zitronat und Pomeranzenschalen, den vierten Teil eines in Milch geweichten Blechwecken, wovon das Harte abgerieben sein muß, und das Weiche wieder ausgedrückt ist, zu der anderen Masse. Ist alles gut vermengt, gieb 200 Gramm Kirschen dazu, das sofort in eine mit Butter bestrichene und mit Brotkrumen bestreute Kuchenform und in den Ofen gestellt wird. Himbeer-, Johannisbeer- und Aprikosenkuchen werden auf die gleiche Weise bereitet.

169. Traubenkuchen.

Lege ein mit Butter bestrichenes und mit Mehl bestreutes Blech mit Frankfurter- oder Butterteig aus, streiche gestoßene, mit Ei und süßem Rahm angerührte Mandeln, nebst etwas Zucker darauf, lege Traubenbeeren dicht auf die Mandeln, gieße eine Mischung von Ei, Zucker und Milch darüber und laß den Kuchen gelb backen.

170. Zwetschgen- und Pflaumenkuchen.

Belege ein Kuchenblech mit Butter oder geriebenem Teig und belege diesen dicht mit ausgesteinten

Zwetschgen. Alsdann rühre 25 Gramm Butter leicht, thue ebensoviel gestoßene Mandeln, 15 Gramm Zucker, ½ Ei daran und gieße dies gut verrührt über die Zwetschgen. Man kann die Zwetschgen auch auf einen gewöhnlichen Hefenteig legen, kleine Stückchen Butter, Zucker und geriebene Semmel darauf streuen und dann backen.

171. Kirschkuchen von Griesmehl.

Laß 3 Deziliter Milch sieden, streue so viel Gries hinein, bis es ein dicker Brei wird, und laß so lange kochen, bis er sich von der Pfanne schält. Gieb gleich, wenn Du es vom Feuer nimmst, 15 Gramm Zucker, etwas Zimmt dazu und rühre 1 Eigelb daran. Indessen werden 10 Gramm Butter leicht gerührt, der erkaltete Brei und der Schnee des Eies dazu genommen. Mit einem Teil der Masse wird in einem mit Butter bestrichenen und mit Semmel- oder Mutschelmehl bestreuten Blech der Boden belegt. Dann wird ¼ Pfund Kirschen in die übrige Masse gemengt, alles in das Blech gefüllt und in gutem Ofen gebacken.

172. Breikuchen.

In 3 Deziliter Milch wird ein Kaffeelöffel Mehl, der mit wenig kalter Milch angerührt ist, unter beständigem Rühren gekocht und dann vom Feuer weggenommen. 15 Gramm Butter leicht gerührt, 10 Gramm geschälte und gestoßene Mandeln, 10

Gramm Zucker und der obige Brei löffelweise in die Butter gerührt und zuletzt das Gelbe eines Ei, den Schnee desselben dazu genommen und in ein mit Frankfurterteig belegtes Blech gefüllt. An Stelle des Frankfurterteiges kann bei den verschiedenen Kuchen auch guter Hefenteig genommen werden.

173. Aepfelkuchen mit Quitten.

Ein Apfel wird geschält, in kleine Schnitze geschnitten und in ein mit Frankfurterteig ausgelegtes Blech gelegt. Zum Guß wird ein Apfel im Ofen gebraten, durch einen Sieb gedrückt. 15 Gramm Zucker mit 1 Eigelb leicht gerührt, dann ein kleiner Kochlöffel voll Quitten und das Apfelmuß dazu genommen. Die ganze Masse wird über die Aepfelschnitze gestrichen und in gutem Ofen gebacken.

13.

Hefen- und Schmalzbackwerk.

Zum Hefenbackwerk, wenn es gut gelingen soll, mußt Du gute Hefe nehmen.

Nimm etwa 120 Gramm Mehl, mache mit lauwarmer Milch, der Hefe und einem kleinen Teil des Mehles einen kleinen Vorteig. Ist dieser gut aufgegangen, laß 15 Gramm Butter zergehen, füge etwas Salz, wenn der Teig süß werden soll, einen Kaffeelöffel feinen Zucker dazu und schaffe mit so viel lauwarmer Milch den festen Teig tüchtig durch, bis er sich vom Löffel schält und kleine Blasen giebt. Du kannst auch diesen Teig zu einfachem Kuchen oder zu Kaffeebrot verwenden.

174. Kaffeebrot.

180 Gramm Mehl, 30 Gramm Zucker, 15 Gramm Butter mit etwas Hefe und Milch angemacht, muß einen festen Teig geben, der tüchtig geschafft wird, zuletzt kommen noch große Weinbeeren darein, mit denen er nochmals geschafft werden muß.

175. Nüßchen.

60 Gramm Mehl, 15 Gramm Zucker, 15 Gramm Butter nimm auf das Brett, lege in die Mitte der Masse ein Theelöffelchen zerklepptertes Ei und ein wenig Zimmt, mache kleine Kügelchen davon und backe sie im Schmalz.

176. Kümmelstangen zum Thee.

30 Gramm Butter leicht gerührt, 60 Gramm Mehl, 5 Eßlöffel Milch, in der etwas wenig Hefe aufgelöst ist, dazu, auf dem Brette zusammen gewirkt und kleine Stengelchen davon gemacht, lasse sie etwas gehen, bestreiche sie dann mit Eigelb und bestreue sie mit Salz und Kümmel. Sollen hellgelb, auf einem mit Butter bestrichenen und Mehl bestreutem Blech gebacken werden.

177. Fastnachtküchlein.

2 Deziliter Milch werden mit 60 Gramm Butter siedend gemacht, 1 kleines Ei mit etwas Salz verrührt, an die Milch gegossen und so viel Mehl dazu gearbeitet, daß man einen Teig bekommt, welcher etwas dünner ist, als ein Butterteig. Nun wird die Masse auf ein Nudelbrett genommen, messerrückendick ausgewellt, mit dem Backrädchen beliebige Stückchen geschnitten, diese in heißem Schmalz gebacken und dann mit Zucker und Zimmt bestreut. Während des Backens muß die Pfanne immer geschüttelt werden.

178. Gugelhopfen.

Nimm 50 Gramm Mehl und rühre ein Kaffeelöffelchen Hefe mit lauwarmer Milch an, mache damit einen Vorteig mit dem 4. Teil des Mehles und laß ihn an einem warmen Orte gehen. Hernach nimm 1 Ei, gut verkleppert, 15 Gramm zerlassene, doch nur lauwarme Butter, wenig Salz, 30 Gramm Zucker, ein wenig Zitronenschaale und 15 Gramm kleine, reingewaschene Weinbeeren, vermenge alles gut mit dem Mehle, klopfe den Teig tüchtig und fülle ihn in gut mit Butter bestrichene und grobem Zucker bestreute Formen.

179. Dampfnudeln, gesalzene.

Bereite, wie Seite 73 angegeben, einen Hefenteig von 120 Gramm Mehl, 10 Gramm zerlassener Butter, die aber erst, nachdem der Vorteig gut aufgegangen, nur lauwarm mit der noch nötigen Milch und etwas Salz nicht allzu dünn geschafft werden muß. Ist der Teig schön gegangen, nimm ihn auf das Brett, mache kleine Kugeln daraus. In einer Caserole oder eisernen Pfanne laß ein gut Stück Butter zergehen. Nimm eine kleine Messerspitze Salz und so viel kalt Wasser zu, daß die Pfanne fingerbreit davon gefüllt ist. Lege die Nüdelchen drein, decke es gut zu und laß sie auf schwachem Feuer backen. Wenn Du eine kleine hölzerne Nadel nimmst, hineinstichst und der Teig daran nicht klebt, sind sie fertig.

180. Dampfnudeln, süß.

Der Teig wie bei den gesalzenen, nur nimm anstatt Salz Zucker und an Stelle des Wassers kalte Milch.

181. Gebackene Dampfnudeln.

Der Teig wie bei den Vorigen, nur nimm 2 Kaffeelöffel Ei und 20 Gramm zerlassene Butter dazu. Bestreiche ein Auflauf- oder Kuchenblech mit Butter, streue auf den Boden etwas Zucker, lege die kleinen Nudeln darein, aber ehe Du sie an einander fügst, bestreiche sie an der Seite mit Butter, dann lösen sie sich, wenn sie gebacken sind, schön von einander. Auch oben, wenn sie erst noch einmal gegangen sind bestreiche mit Butter und bestreue mit Zucker.

182. Seelen, Bretzeln, Kränze rc.

60 Gramm feines Mehl und 10 Gramm Bierhefe werden mit lauer Milch zu einem leichten Teiglein angerührt, worauf man dasselbe gehen läßt. Inzwischen rühre 60 Gramm Butter leicht, gieße allmählich 1 Ei, 10 Gramm gestoßenen Zucker, 60 Gramm Mehl, ein paar Löffel voll Rosenwasser dazu, vermische dies alles mit dem gegangenen Vorteig und klopfe ihn so lange, bis er Blasen wirft und sich abschält. Dann läßt man ihn wieder gehen, bestreicht einige Bleche mit Butter, setzt von dem gegangenen Teig längliche Brötchen darauf, läßt sie wieder gehen, bestreicht sie dann mit Eiern,

streut Zucker darauf und backt sie in frischer Hitze. Macht man den Teig mit ganz gleicher Behandlung ein wenig steifer durch Beigabe von mehr Mehl, so kann man daraus auch ausgezeichnete Kränze, Bretzeln 2c. backen.

183. Aepfelküchlein.

Aus Milch, 2 Löffeln voll Mehl und 2 Eiern wird ein leichtes Teiglein gemacht, gesalzen, Aepfelschnitten darin umgekehrt und in heißem Schmalz gebacken. Sie werden mit Zucker bestreut und heiß zu Tisch gegeben.

184. Anisbretzeln.

1 Ei, 1 Eßlöffel voll Salz, etwas Zucker, ein nußgroßes Stückchen Butter und ein Kaffeelöffelchen voll Anis werden nebst so viel Mehl, daß es einen steifen Teig giebt, in ein Schüsselchen gethan und gut durchgearbeitet. Dann wird er noch auf dem Nudelbrett gewirkt, zum Ruhen eine Stunde lang bei Seite gestellt und hernach kleine Bretzeln daraus gemacht. Diese werden nebeneinander auf ein mit Butter bestrichenes Blech gesetzt, oben mit Ei bestrichen, mit Zucker bestreut und in einem nicht zu heißen Röhrchen gelb gebacken.

185. Erbsen, gebacken.

Von dem Teig, wie er zu Apfelküchlein gemacht wird, treibt man durch einen engen Seiher in heißes Schmalz, wodurch lauter Kügelein entstehen, die man schön hellgelb darin backt. Sie werden mit Zucker bestreut zu Tisch gegeben oder mit Fleischbrühe als Suppe angerichtet.

186. Goldschnitten.

Schneide runde Schnitten aus Wecken, tauche sie in kalten Wein, in welchem Zucker aufgelöst ist, wende sie nach diesem in verklepperten Eiern um und backe sie in heißem Schmalz. Sie werden mit Zucker und Zimmt bestreut und in einer Kirschen- oder Weinsauce zu Tisch gegeben.

187. Gesundheitskuchen.

50 Gramm zerlassene Butter, 50 Gramm (oder 1/4 Tasse) laue Milch, 100 Gramm Zucker, 200 Gramm Mehl, ein kleines Ei, das weiße zu Schnee geschlagen, werden gut vermengt. Ein gut gewogen Gramm Natron und 3 schwach gewogene Gramm Weinstein

werden in lauer Milch aufgelöst und zuletzt an die Masse gethan. Ein Gugelhopf-Model mit Butter bestrichen, mit Semmel bestreut, rasch eingefüllt und sofort in gutem Ofen gebacken.

188. Kaffeeküchlein.

50 Gramm frische Butter, 15 Gramm Zucker, 2 Deziliter Milch läßt man sieden, dann werden nach und nach 50 Gramm feines Mehl daran gerührt und über dem Feuer so lange geschafft, bis der Teig glatt ist und sich abschält. Nun läßt man ihn erkalten, rührt ein großes, zuvor in der Wärme gewesenes Ei daran, setzt von diesem Teig Häufchen von beliebiger Größe auf ein mit Mehl bestreutes Blech, bestreicht sie leicht mit Eigelb, streut Zucker und geschnittene Mandeln darauf und läßt sie in einem nicht zu heißen Ofen backen.

189. Windbeutel.

Zu gesalzenen Windbeuteln rührt man aus Wasser und Mehl mit etwas Salz einen glatten Teig und stellt ihn übers Feuer, schnitzelt Butter hinein und rührt so lange darin, bis er sich von der Pfanne ablöst. Nun läßt man ihn erkalten, schlägt nach Gutdünken Eier daran, sticht mit einem Löffel kleine Küchlein daraus, backt sie in heißem Schmalz schön hellgelb und giebt sie warm zu Gemüse.

Zu süßen Luftküchlein nimmt man statt des Wassers Milch und statt des Salzes Zucker, werden im Weitern aber wie die erstere Art behandelt. Man bestreut sie sogleich mit Zucker und giebt sie zu Glühwein und dgl.

190. Strauben.

Ein gewöhnlicher Pfannkuchenteig wird durch einen dünnen Trichter, mit dem man rasch im heißen Schmalze des Pfännchens herumfährt, getrieben und schön gelb darin gebacken. Nach dem Backen streut man Zucker darauf und giebt sie so zu Tisch.

191. Waffeln.

30 Gramm Butter werden weiß und schaumig abgerührt; in diese Butter rühre nun 1 Ei, 2 Eßlöffel voll Mehl, 1 Löffel voll Milch, 1 Kaffeelöffel Hefe und eine Prise Salz. Den gut durchgerührten Teig setze bedeckt bei Seite. Nach 1/2 Stunde ist nachzusehen, ob der Teig treibe und aufgehe. Sowie er aufgeht, wird das Waffeleisen auf dem Feuer heiß gemacht, was der Fall ist, wenn es zu rauchen anfängt. Die beiden inneren Seiten desselben werden nun mit einem Stückchen Speck bestrichen, worauf man mit einem Eßlöffel von dem Teig in das Eisen füllt, dieses sachte zumacht und die Waffel unter öfterem Umwenden des Eisens über dem Feuer ausbackt. Dies wird in 6—7 Minuten der Fall sein, worauf man die Waffel mit einer Gabel heraussticht und das Eisen aufs neue mit Teig füllt. Sind alle gebacken, so werden sie mit feingestoßenem Zucker bestreut und womöglich warm zu Tisch gegeben. In das Waffeleisen darf man ja nicht zu viel Teig thun (1/3 des Raumes ist mit Teig zu füllen und 2/3 sollen frei bleiben), sonst treibt es den Teig heraus.

14.

Zuckerbackwerk.

192. Anisbrot.

Rühre 60 Gramm Zucker ½ Stunde lang mit 1 Ei nach einer Seite; ist die Masse dick, so rühre ebensoviel feines Mehl hinein, nebst etwas geschnittener Zitronenschale und ganz wenig Anis. Nun bestreue ein mit Butter bestrichenes Blech mit Mehl, gieße den Teig in zwei Streifen darauf und gieb ihn sofort in einen Backofen. Sie sind rasch ausgebacken. Sowie sie aus dem Ofen kommen, werden sie schnell zu Schnitten geschnitten, aufrecht auf die gleichen Bleche gelegt und zum Gelbröſten wieder in den Ofen gebracht. Auf diese Art bereitetes Anisbrot ist sehr gut.

193. Schokolade-Bisquit.

Schlage tüchtig ½ Ei mit 30 Gramm Zucker; dann gieb 15 Gramm Schokolade dazu, lege die Masse auf ein Brett, rolle es leicht fingerdick, mit grobem Zucker, dem Du etwas Mehl beifügen kannst, und stich dann mit kleinen Formen es aus. Auf einem mit Butter bestrichenen und Mehl bestreuten Blech wird es nur wenig gebacken.

194. Schokoladebrot.

Rühre 90 Gramm gestoßenen Zucker, 15 Gramm feingeriebene Schokolade und den steifen Schnee von einem Eiweiß eine gute halbe Stunde tüchtig durcheinander, setze von der dadurch erhaltenen Masse kleine Häufchen auf ein mit Butter bestrichenes Blech und backe sie in einem ganz kühlen Ofen oder Röhrchen.

195. Gebackene S.

50 Gramm feines Mehl, 30 Gramm frische Butter, 15 Gramm gesiebter Zucker und das Gelbe von einem kleinen Ei werden zu einem Teige geschafft. Ist er gehörig durchgearbeitet, so nimmt man ihn auf das Nudelbrett, dressiert ihn in fingerlange Stückchen, formiert dieselben zu lateinischen S, legt sie auf ein mit Butter bestrichenes Blech, bestreicht sie mit geschlagenem Eiweiß, streut Zucker darauf und backt sie schön gelb. Wer will, kann auch noch 30 Gramm feingestoßene Mandeln zum bestreuen thun.

196. Geduldzeltlein.

60 Gramm gestoßener Zucker werden mit ½ Ei eine halbe Stunde lang fortwährend gerührt, die

Schale vom vierten Teil einer Zitrone auf dem Reibeisen gerieben und nebst 60 Gramm vom schönsten Mehl dazu gethan. Nun bestreicht man ein heißes Blech mit Wachs, setzt erbsen- bis haselnußgroße Zeltlein von obigem Teig darauf und backt sie langsam im Backofen.

197. Lebkuchen.

1 Ei, 120 Gramm gesiebter Zucker werden eine Stunde gerührt, dann werden 15 Gramm Zitronat, 15 Gramm Pomeranzenschalen geschnitten, nebst 15 Gramm gestoßenen Mandeln, etwas Zimmt und 120 Gramm feinem Mehl zusammengerührt; hierauf bestreut man Bleche mit Mehl, setzt von dieser Masse beliebig große, länglich viereckige Küchlein darauf und backt sie schön gelb.

198. Lebkuchen, Basler.

Koche 1 Deziliter Honig mit 50 Gramm Zucker, gieb 5 Gramm feinen Zimmt, 2 Gramm Nelken, 2 Gramm Muskatenblüte, 15 Gramm feingeschnittene Mandeln, 2 Gramm zerschnittenes Zitronat, etwas abgeriebene Zitronenschale und 1 Kaffeelöffel voll Kirschengeist dazu, wirke noch ein Löffelchen voll Mehl hinein und mache aus diesem Teig beliebig geformte Lebkuchen, die nicht sehr stark gebacken werden dürfen.

199. Lebkuchen, Nürnberger, oder Pfefferkuchen.

Laß guten Honig und Farinzucker zu gleichen Teilen über gelindem Feuer zergehen, wobei abgeschäumt werden muß; dann mischt man damit beliebig geschnittene Mandeln, gestoßene Nelken, Muskatenblüte, etwas Zitronat 2c., doch mit Ausnahme der Mandeln von allen diesen Bestandteilen nur wenig. Ist dies gut gerührt, so füge man so viel Mehl bei, daß ein steifer Teig entsteht, welchen man auswellt, in Formen drückt und auf Papier oder Blechen backt. Sowie sie aus dem Ofen kommen, werden sie mit einem dünnen Honigwasser bestrichen, und kann man die Oberfläche mit geschälten Mandeln verzieren.

200. Lebkuchen, weiße.

60 Gramm feingesiebter Zucker, 30 Gramm geschälte, feingestoßene Mandeln werden in einem tiefen Schüsselchen mit 1 Ei eine Stunde gerührt, dann kommt eine Messerspitze voll Potasche, gleichviel Muskatnuß, feiner Zimmt, Gewürznelken, etwas Zibeben, 10 Gramm feingeschnittene Pomeranzenschale, 10 Gramm Zitronat dazu; wenn alles gut durcheinander geschafft ist, siebt man 70 Gramm feines Mehl darein, schneidet viereckige Stückchen Oblaten, streicht von der Masse darauf, belegt es mit Zitronat, stellt sie auf ein Brett zum Ofen, daß sie abtrocknen und backt sie bei gelinder Ofenhitze.

201. Mandelbögen.

60 Gramm geschälte und zerschnittene Mandeln werden geröstet, mit 60 Gramm Zucker und ½ zu

Schnee geschlagenen Ei angerührt. Mit diesem Teig werden nicht zu lange Oblatenstreifen messerrückendick bestrichen, backt sie schön gelb, legt die Streifen noch warm über ein Wellhölzchen, daß Bögen entstehen, die man kalt zu Wein oder als Nachtisch giebt.

202. Pfaffenbrot.

60 Gramm Mehl, 50 Gramm Zucker, 50 Gramm geschälte und länglich geschnittene Mandeln werden mit einer kleinen Messerspitze voll Potasche und 1 Ei zu einem steifen Teige gemacht, den man messerrückendick ausrollt, in fingerslange und zwei Finger breite Streifen schneidet, auf ein mit Mehl bestreutes Blech setzt und in einem nicht zu heißen Ofen schön gelb backt.

203. Süße Bretzeln.

30 Gramm frische Butter, 60 Gramm Mehl, 30 Gramm gestoßenen Zucker, 1 Kaffeelöffel zerklepptertes Ei, ein gleiches Eigelb, und ein kleines Löffelchen süßen oder sauren Rahm wirke auf dem Brett zusammen. Dann mache längliche Streifen und forme von diesen Bretzeln oder Ringe, zuletzt bestreiche sie mit Ei und wende sie in grob gewiegten Mandeln mit Zucker um. Dürfen guten Ofen haben.

204. Himbeerbrötchen.

Es wird 1 Eiweiß zu steifem Schnee geschlagen, das Gelbe eines Eies mit 120 Gramm Zucker schaumig gerührt, dann schwach 1 Eßlöffel Himbeeren, die frisch oder eingekocht, genommen, und zuletzt 120 Gramm Mehl langsam darein geschafft. Sorgfältig kleine runde Kügelchen in der mit Zucker oder Mehl belegten Hand geformt und auf einem mit Butter bestrichenen und Mehl bestreuten Blech in gutem Ofen gebacken.

205. Schäumchen.

Ein Eiweiß wird zu ganz steifem Schnee geschlagen, mehr wie zu anderem Gebäck, dann nimm 60 Gramm gesiebten Zucker, etwas Vanille Zucker dazu und setze auf weiß Papier, das aber nicht bestreut sein darf, kleine Häufchen. Du darfst aber nie deine Fingerchen an die Masse bringen, mußt die Häufchen nur mit dem Löffel abschütteln und in abgekühlten Ofen geben.

206. Pfeffernüßchen.

Rühre 60 Gramm Zucker mit 1 Ei leicht, dazu kommt 1 Messerspitzchen voll feiner Zimmt, gleichviel Nelken, etwas vom Gelben einer Zitrone und so viel feines Mehl, daß man die Masse wirken kann. Ist dies auf dem Nudelbrettchen geschehen, so welle den Teig nicht zu dünn aus, stich kleine Mödelein davon aus, setze sie auf ein mit Speck bestrichenes Blech und laß sie gelb backen.

207. Rahmküchlein.

100 Gramm Mehl, 50 Gramm Butter, 15 Gramm Zucker, 1 Deziliter Rahm und beliebige Gewürze

werden zu einem Teig gerührt, welchen man messerrückendick ausrollt, beliebige Stückchen und Figuren ausschneidet oder sticht, mit Eigelb bestreicht, kleingewiegte süße Mandeln, Zitronenschale, gestoßenen Zucker und Zimmt darauf streut und auf Blechen backt. Man kann solche Küchlein auch mit einem Rande versehen, mit etwas Eingemachtem füllen und mit dem gleichen Teig bedecken.

208. Sprengerlen.

60 Gramm gut getrockneter, gestoßener und gesiebter Zucker wird mit ½ Ei eine Stunde lang gerührt, etwas abgeriebene Zitronenschale nebst 60 Gramm auf dem Ofen getrocknetem Mehl hineingeschafft. Ist dies geschehen, so läßt man den Teig 1—2 Stunden ruhen, hernach nimmt man ein Stückchen davon auf das Nudelbrett, wellt es einen starken Messerrücken dick aus, bindet etwas Mehl in ein zartes Tüchlein, tupft damit die Sprengerlesmödel, legt das Gewellte auf den Model, drückt mit den Fingern auf allen Stellen darauf, daß die Figur auf den Teig kommt, nimmt die ausgedrückten Stückchen behutsam ab und schneidet sie mit dem Backrädchen aus. Zu dem abgeschnittenen Teig wird immer wieder frischer genommen, ausgewellt und so fortgefahren, bis der Teig zu Ende ist. Die Bleche werden nun mit Butter bestrichen, mit reingelesenen Anis bestreut, die Sprengerlen darauf gelegt, über Nacht stehen gelassen, doch darf es nicht

sehr warm im Zimmer sein. Sie sind in einem nicht sehr heißen Ofen zu backen.

209. Weinröllchen.

Quirle 1 Eigelb in 2 Deziliter Wein, füge diesem etwas abgeriebene Zitrone, gestoßenen Zimmt, Zucker und so viel Mehl bei, daß Du einen Teig erhältst, wie Waffelteig. Dieser wird in einem glatten Eisen (wer ein solches nicht hat, kann statt desselben auch ein Waffeleisen nehmen) gelb gebacken und noch warm um ein rundes Hölzchen gewickelt. In Ermangelung eines passenden runden Hölzchens ist ein nicht angestrichener oder lackierter Bleistift dazu geeignet.

210. Griesmakronen.

Es werden 60 Gramm süße Mandeln geschält, zart gestoßen oder gerieben, 30 Gramm Gries, etwas Zitronenschale und Saft, dann von 2 Eiern das Weiße zu Schnee geschlagen, mit obiger Masse vermengt. Dann mit der Hand runde, kleine Kügelchen gemacht und auf bestrichenes und bestreutes Blech in gutem Ofen gebacken.

211. Geröstete Mandelkörbchen.

Nimm in eine Pfanne 15 Gramm geschälte und fein geschnittene Mandeln, 12 Gramm Zucker und wenige Tropfen Wasser und etwas gestoßenen Zimmt. Rühre dies beständig um, bis die Mandeln schön gelb sind. Bestreiche zuvor eine tiefe Porzellanform ganz leicht nur mit feinem Oel, tauche in solches auch deine Fingerchen und drücke die noch warmen Mandeln in der Form nach oben, daß sie einem Körbchen gleich werden, erst wenn es erkaltet ist, stürze es um oder nimm es sorgfältig heraus. Es sieht sehr niedlich aus und schmeckt gut.

212. Zimmtstern.

Zu dem Schnee von 1 Eiweiß rührt man 75 Gramm gesiebten Zucker eine halbe Stunde lang; 75 Gramm ungeschälte Mandeln werden mit einem reinen Tuch abgerieben, dann fein gestoßen, nebst dem dritten Teil einer Zitronenschale und 5 Gramm Zimmt dazu. Ist dies gut durcheinander gerührt, so streut man halb Mehl, halb Zucker auf ein Backbrett, wellt den Teig so aus, daß man einen Sternmodel darin ausdrücken

kann, setzt die ausgedrückten Sterne auf ein mit Butter bestrichenes Blech, jedoch nicht zu nahe aneinander, läßt sie dann einige Stunden oder noch besser über Nacht stehen und backt sie in einem nicht zu warmen Ofen wie die Sprengerlen. Oben auf streiche man etwas Eiweiß mit Zucker, das du von der ersten Masse 1/2 Kaffeelöffel voll wegnehmen kannst, ehe du den Zimmt dazu giebst.

213. Zuckerstangen.

75 Gramm gesiebter Zucker, ebensoviel Butter und Mehl werden mit einem Eigelb durcheinander geschafft und daraus etwas lange Würgel von der Dicke des kleinen Fingerchens gemacht. Diese legt man auf mit Mehl

bestreute Bleche und backt sie sofort in einem nicht zu heißen Ofen.

15.

Kompotte oder gekochte Früchte.

Wenn es auch mit einigen Schwierigkeiten für die Puppenküche verknüpft sein mag, Kompotte zu bereiten, so darf diese Abteilung doch deshalb nicht in Eurem Kochbüchlein fehlen, liebe Kinder, weil es zu Eurem Nutzen dienet, daß Ihr Euch spielend davon unterrichtet, welche Ansprüche in der großen Küche gestellt, daß Ihr wisset, wie die Speisen und Speisearten heißen und lernet, wie man damit umgeht, sobald Ihr groß geworden und für die gute Mutter einzutreten habt, entweder um die Köchin zu überwachen oder selbst am Herde thätig zu sein. Um Euch dies anleitend zu erleichtern, sollen hier einige Rezepte zu Kompotten folgen, die Ihr bereiten könnt und die Euch und Euren kleinen Gästen sehr gut munden werden.

214. Apfelkompotte.

Hiezu wählet einige kleine reife Aepfel von feiner Sorte, schält sie sorgfältig und macht Schnitz=lein daraus, legt diese in frisches Wasser, dann bleiben sie schön weiß. Inzwischen gießet in Euer Messingpfännchen 1 Deziliter roten Wein und die Hälfte soviel Wasser dazu, gebt dann 15 Gramm gestoßenen Zucker, etwas ganzen Zimmt, 2 Nelken und gehackte Zitronenschalen mit einigen Rosinen. Laßt dies zusammen kochen, legt dann die Apfelschnitze, das Kernhaus nach unten, aber nicht zu nah zusammen, hinein, deckt das Pfännchen zu und kocht sie 10 Minuten lang. Hierauf kommt das Pfännchen vom Feuer und bleibt so lange zugedeckt stehen, bis der Dampf die Aepfel zusammengezogen hat, dann werden diese herausgenommen, auf ein Plättchen gelegt und mit dem Saft übergossen. Sollte dieser zu stark eingekocht sein, so kann noch etwas Wein daran gegossen werden, muß aber noch einmal damit aufkochen.

215. Apfelmarmelade.

3 Stück gute Aepfel werden geschält, entkernt, mit 50 Gramm Zucker und etwas weißem Wein verkocht, mit Zitronenzucker abgeschmeckt, durch ein feines Sieb getrieben, mit in Wein gekochten Rosinen und Malagatrauben vermischt, auf ein Plättchen angerichtet und mit Zuckerstangen (s. No. 213) garniert.

216. Johannisbeerkompotte oder rote Grütze.

Streife 1/4 Liter reife Johannisbeeren von den Stielen, wasche sie und gieb sie in eine Pfanne mit 60 Gramm Zucker, sind sie weich gekocht, gieb so viel Gries dazu, daß es ein dicker Brei geworden, wenn es gut gekocht hat, stelle es zum Erkalten, stürze es beim Anrichten um und gieße süße Milch darüber. Du kannst, ehe du den Gries einstreust, die Beeren durch einen feinen Seiher drücken, daß die Häute und die Kerne wegbleiben, nimm dann erst Zucker und Gries dazu und verfahre wie oben. Du kannst an Stelle des Gries auch etwas Stärkemehl nehmen. Schmeckt aber mit Gries besser.

217. Aprikosenkompotte.

6 Aprikosen werden geschält, entkernt und mit Zitronenzucker bestreut. Inzwischen werden 100 Gramm Zucker in 1 Deziliter Wein mit den Aprikosenkernen gekocht, fleißig abgeschäumt, die Aprikosen hineingelegt und auf Kohlen zugedeckt gekocht. Nach 10 Minuten werden die Früchte herausgenommen, auf ein Plättchen gelegt und der noch etwas eingekochte Saft darüber gegossen.

218. Birnenkompotte.

6 Stück nicht zu große süße Birnen werden geschält, das Blütenköpfchen herausgeschnitten, je 3 Stück mit Nelken und 3 Stück mit ganzem Zimmt besteckt und in halb Wasser, halb Wein mit Zucker und gehackten Zitronenschalen gekocht, die Birnen auf ein Plättchen angerichtet und der Saft darüber gegossen. Dazu giebst Du Deinen Gästen am besten Bisquit.

219. Erdbeerkompotte.

Ein Viertelliter schöne Walderdbeeren werden sauber ausgelesen und gewaschen. Dann wird der aus 100 Gramm Zucker mit etwas Wasser geläuterte Saft darüber gegossen, die Erdbeeren zugedeckt und, wenn sie erkaltet sind, abgeschüttet. Darauf wird der Saft noch einmal eingekocht und kalt über die Erdbeeren gegossen.

220. Heidelbeerkompotte.

$^1/_2$ Liter ausgelesene und gewaschene Heidelbeeren werden mit 100 Gramm Zucker und 1 Deziliter Bordeaux, etwas Zitronenschale und einem ganz kleinen Stückchen Vanille weich gekocht, zum Erkalten gestellt, dann angerichtet und mit Anisbrot gegeben.

221. Himbeerkompotte.

Aus Himbeeren wird ein feines Kompott bereitet auf ganz dieselbe Art wie aus Erdbeeren, dabei müssen aber die Himbeeren vorsichtig von den in denselben sich befindlichen Würmchen gereinigt werden. Darauf mache ich meine lieben kleinen Köchinnen besonders aufmerksam.

222. Pflaumenkompotte.

50 Gramm Zucker werden mit einem Deziliter roten Wein aufgekocht, 6 Stück reife Pflaumen eingelegt und so lange gekocht, bis die Haut aufspringt. Hierauf werden die Früchte herausgenommen, der Saft daran gegossen, mit Zucker und Zimmt bestreut und kalt serviert.

16.

Kalte Schale.

Da ich annehmen will, daß Du vielleicht nicht nur um Weihnachten Dich mit Deiner kleinen Küche beschäftigst, wohl auch die Sommer- oder Herbstferien zu solch kleinen Uebungen benützest, so sind Dir nicht allein hier, bei den kalten Schalen, sondern auch bei den Kuchen und Kompotten die Bereitung und Verwendung von frischem Obste angegeben.

223. Bierkaltschale.

½ Liter gutes Weißbier wird mit 50 Gramm gekochten Corinthen und mit deren erkaltetem Saft, mit etwas Zimmt und mit geriebenem Schwarzbrot gemischt, 2 Zitronenrädchen hineingeschnitten, gehörig gezuckert und kleine, ohne Fett geröstete Brotwürfel eingestreut.

224. Himbeer- oder Erdbeerkaltschale.

Man thut die Himbeeren oder Erdbeeren in einen Topf und setzt diesen in einen Kessel mit siedendem Wasser; sowie sie zu zerfallen anfangen, treibt man den Saft durch ein Tuch, thut Zucker daran, läßt ihn kalt werden und legt vor dem Auftragen Bisquit darüber.

225. Pflaumen- und Zwetschgenkaltschale.

Pflaumen und Zwetschgen werden in kaltes Wasser gelegt, von den Steinen befreit, mit 1 Zitronenschale in Wein und Wasser gesotten. Vor dem Erkalten werden sie durch einen feinen Durchschlag getrieben und mit Zucker und Zimmt betrieben.

226. Schwäbische Kaltschale.

Siede 2 Deziliter Milch mit Zucker, der auf einer Zitrone abgerieben wurde, nebst etwas kleingestoßenen süßen Mandeln, quirle sie mit $^1/_2$ Eigelb ab, gieße sie in eine Schüssel, belege sie mit dem Schnee von $^1/_2$ Eiweiß, der zuvor in Milch gesotten wurde, und laß sie an einem kühlen Ort erkalten.

17.

Warme und kalte Getränke.

227. Schokolade mit Milch.

Auf 3 Deziliter Milch nimmt man 15 Gramm Schokolade, reibt sie fein, gießt etwas siedende Milch darauf, bis die Schokolade weich ist, macht dann in der Pfanne die Milch mit etwas Zucker und Zimmt siedend, rührt die eingeweichte Schokolade damit an, kocht sie wieder auf, verklopft 1 Eigelb recht stark, rührt es an die Schokolade, strudelt sie auf dem Feuer durch und gießt sie sofort in das zum Auftragen bestimmte Kännchen.

228. Schokolade mit Wasser.

Reibe auf eine gewöhnliche Obertasse mit Wasser 15 Gramm Schokolade und lasse es über gelindem Feuer, während Du es beständig schlägst, kochen. Du kannst hernach Milch zugießen und Zucker nach Belieben dazu nehmen.

229. Punsch.

Nimm 1 Deziliter schwachen Thee, gieße ihn siedend über 30 Gramm Zucker, nimm etwas Zitronensaft, 1 Kaffeelöffel Arac, rühre alles gut zusammen und gieb ihn in Gläschen; mußt aber sorgfältig sein und langsam sie füllen, daß sie nicht zerspringen.

230. Kaffee zu machen.

Das werde ich kaum nötig haben, Dir anzugeben, hast Du doch gewiß täglich Gelegenheit, die Bereitung desselben in der großen Küche oder im Zimmer mit der Kaffeemaschine zu beobachten. Hast vielleicht selbst solch kleine Maschine, lege je nach der Größe derselben 5 oder 10 Gramm gemahlenen Kaffee, nimm ein wenig Cichorie und übergieße es mit dem kochenden Wasser, das zu der Maschine ausreicht.

231. Eiermilch.

Mache 2 Deziliter Milch mit etwas Zimmt und Zucker siedend, rühre 1 Löffelchen voll Eigelb daran und laß es unter beständigem Umrühren anziehen.

232. Mandelmilch.

60 Gramm schöne süße Mandeln werden gewaschen, mit ein wenig Wasser im Mörser gestoßen, mit 5 Deziliter siedendem Wasser durchgebrüht, durch ein leinenes Tuch gepreßt und beliebig mit Zucker versüßt gegeben.

233. Reismilch.

15 Gramm Reis werden gröblich gestoßen und in 3 Deziliter Milch mit Zucker und etwas Vanille weich gekocht. Nun wird die Milch durch ein Haarsieb getrieben, in einem Topf übers Feuer gesetzt, ein Eigelb daran gerührt und unter beständigem Umrühren noch einmal aufgekocht. Vom Feuer genommen strudelt man sie gut und giebt sie sofort zu Tisch.

234. Thee, reformiert.

Laß 3 Deziliter Milch siedend werden, koche 1 Kaffeelöffelchen voll feinen Thee, etwas Zitronenschale, ein Stückchen Zimmt und Zucker eine Zeit lang, treibe dies durch ein Sieb auf ein gut verrührtes Eigelb, strudle ihn recht stark und fülle ihn rasch in eine Kanne zum Auftragen.

235. Warmer Wein.

¼ Liter Wein wird mit 50 Gramm Zucker und 1 Gramm Zimmt in einer Pfanne zum kochen gebracht; inzwischen werden 2 Eigelb verkleppert, der Wein langsam siedend eingerührt und so heiß wie möglich aufgetragen.

236. Zitronen-Limonade.

1 Zitrone wird dünn abgeschält und die gelbe Schale in die Theemaschine gebracht, dann wird die weiße Schale von der Zitrone abgelöst, diese in

Scheiben geschnitten, die Kerne herausgenommen, jene zu der gelben Schale gegeben und mit siedendem Wasser angegossen. Nach einer Viertelstunde abgeseiht, wird die Limonade gezuckert und heiß getrunken.

237. Schwarzer Thee.

Schwenke Deine Theekanne erst mit heiß Wasser aus, dann lege, je nach Größe der Kanne 1—3 Gramm Theeblätter darein, übergieße es mit kochendem Wasser, zuerst nur halb voll, dann nach einigen Minuten voll. Lasse die Blätter nicht lange daran, sonst wird er bitter. Am besten ist es, wenn der Thee in ein kleines Ei gelegt und mit diesem herausgenommen werden kann. Hast Du solches nicht, erwärme eine andere Kanne und gieße den Thee darein ab.

238. Glühwein.

Laß 30 Gramm feinen Zucker etwas hellgelb in der Pfanne werden, lege ein kleines Stückchen Zimmt zu und gieße dann 2 Deziliter Wein darauf. Wenn er kocht, ist er fertig.

239. Grog.

Nimm in Deine Gläschen eine Messerspitze feinen Zucker, wenige Tropfen Arac oder Rum, und fülle es auf mit heiß Wasser.

Anhang.

Speisezettel

für verschiedene Festlichkeiten meiner kleinen Freundinnen.

1. Kaffee-Visite.

Kaffee mit Rahm und Schokolade.
Kaffeeküchlein und Bretzeln.
Eine der Jahreszeit entsprechende Kaltschale.

2. Kaffee-Visite.

Kaffee und Strauben.
Gesundheitskuchen.
Eiercrême.

3. Schokolade-Visite.

Schokolade und Seelen oder Bretzeln.
Waffeln und Sandtorte.

4. Thee-Visite.

Thee mit Rahm.
Butterbrötchen und Gugelhöpfchen.
Hefenküchlein und Schokoladebrot.

5. Desgleichen.

Thee und Anisschnitten.
Kümmelstangen.
Vanillecrême und Zimmtstern.

6. Wein= oder Obst=Visite.

Wein oder Obst.
Ein beliebiger Kuchen.
Fastnacht= oder Aepfelküchlein.
Kleines Backwerk.

7. Desgleichen.

Wein oder Obst.
Bierhefentorte oder eine andere Torte.
Schokoladebrot und Bisquite.

8. Für ein Mittagessen.

Fleischsuppe nach eigener Wahl.
Beefsteak mit gerösteten Kartoffeln.
Braten mit Salat, Maccaroni und Rahmsauce.

9. Desgleichen.

Beliebiges Süppchen mit Knöpfchen.
Pastetchen
Kalbsschnitzel mit Kartoffelbrei.
Brotpudding.
Nachtisch, aus Kuchen und kleinem Backwerk bestehend.

10. Desgleichen.

Baumwollsuppe.
Fleischpastetchen.
Schweinebraten.
Bohnensalat.
Mandeltorte.

11. Desgleichen.

Griessuppe.
Kalbsschnitzel.
Rosenkohl.
Apfelkuchen.
Kleines Backwerk.

12. Einfaches Mittagessen.

Suppe von Knorrs Suppenmehl.
Kalbsbraten.
Blumenkohl.
Schneeberg.

13. Desgleichen.

Reissuppe.
Eingemachtes Kalbfleisch.
Gesalzener Kartoffelpudding.
Schokolade-Crême.

14. Desgleichen.

Gebrannte Mehlsuppe.
Bratwürste.

Krautsalat.
Süße Dampfnudeln mit Eiermilch, warm.

15. Nachtessen.

Wein oder Fleischbrühsuppe.
Braten mit Apfelmus.
Leichte Mehlspeise und Kaltschale.

16. Desgleichen.

Beliebige Suppe.
Fleischpölsterchen und geriebener Kartoffel-Salat.
Süße Pastetchen.

17. Tisch für den Weihnachtsabend.*)

Schokoladesuppe.
Süße Pastetchen.
Kuchenmichel mit gekochtem Obst oder Weinsauce.
Kaltschale.

Als Nachtisch:

Gebackene Erbsen oder Windbeutel.
Geduldzeltlein.
Zuckerstangen.

18. Tisch für den ersten Weihnachtsfeiertag.

Eiersuppe.
Gestutzte Nudeln und Rahmsauce.

---

*) Die folgenden Speisezettel sind für alle festlichen Veranlassungen geeignet.

Reispudding.
Glühwein.

Als Nachtisch:

Aepfeltorte.
Jacoten.
Gebackene S.
Zimmtstern.

19. Am zweiten Weihnachtsfeiertag.

Kartoffelsuppe mit Fleischknöpfchen.
Gebackene Kalbsbrieslein und Kartoffelsalat.
Aepfelbrei mit Goldschnitten.
Gefüllter Pfannkuchen.

Als Nachtisch:

Aepfelkuchen.
Waffeln.
Brottorte.
Kleines Backwerk.

20. Am Neujahrsabend.

Thee.
Beefsteak mit Birnenkompott.
Warmer Wein.
Mandelbögen.
Zitronen-Limonade.
Kleines Backwerk.

21. Am Neujahrsfest.

Nudelsuppe.
Mandelbrei oder Speckpfannkuchen.
Kalbskoteletten und Kartoffelsalat oder geröstete Kartoffeln.
Auflauf mit Flädlein.

Als Nachtisch.

Brottorte.
Anisbretzeln.
Rahmküchlein, Weinröllchen und Himbeerbrötchen.

Alphabetisches Register.